ちくま新書

めざせ達人！英語道場 ―― 教養ある言葉を身につける

斎藤兆史
Saito Yoshifumi

1248

Extracts taken from
THE ART OF FICTION
by David Lodge
Copyright © 1992
Permissions granted by the author
c/o Curtis Brown Group Ltd, London
Through Tuttle-Mori Agency, Inc., Tokyo

まえがき

　本書は、教養ある英語を身につけようとする志の高い学習者を対象とする英語独習本である。英語の上達を願う方はもちろん、英語圏の本や映画を楽しみたい方、また自己研鑽(けんさん)をつみたい方、中学や高校の英語の先生方なども対象としている。これを一読しただけで教養ある高度な英語が即座に身につくと思われては困るが、本書に書かれていることを地道に、丹念に実践すれば、そのような英語が徐々に身についてくる。それなりの覚悟を持ってお読みいただければ幸いである。

　人の営みには基本があり、技芸を成就するための王道がある。しかしながら、基本は単純ながら楽に実践できるものではなく、王道はまっすぐの一本道ながら平坦ではない。そのため、人は時として楽な方策を模索し、「たった数週間で〜ができるようになる」、「努力せずに身につく〜」、「これぞ目からウロコの学習法」といった謳い文句に誘われて迷路に入り込む。ところが、一旦そこに迷い込んでしまうと、王道に戻るのが極めて難しい。結局は最初から苦労してでも王道

を歩んだほうが目的地に早く着くことができる。

　本書の内容を実践するためにどのような心構えで臨んでいただくかを分かりやすく示すために、卑近な例を挙げよう。体重が増えてきたので、減量をしようとする（ちなみに、カタカナ英語の「ダイエット」は英語の diet［飲食物、食餌、（減量のための）規定食］の誤用なので、英語教師としては極力使いたくない）。ちまたには多くの減量法があふれているが、王道を歩もうとすれば節食をするのが一番である。食欲を抑え、空腹に耐えて、必要以上は食べないように心がける。ありとあらゆる減量法を試し、何をやってもだめだったと嘆く人は多いが、その中に地道に節食を実践した人がどれだけいるだろうか。三日坊主ではだめで、目標の体重になるまで節食をする。基本、極意とはこういうものであるという感覚をまずしっかりとつかんでいただきたい。

　「それは当たり前だけど、そんなつらい思いをしなくてもほかに方法があるはずだ」と思う読者がいらっしゃるかもしれない。しかし、英語学習においても、基本は同じ。当たり前の努力をしてもらうほかはない。もちろん、その基本を実践しやすくするための工夫はできるかぎり分かりやすく提示するつもりでいるけれども、「魔法のような英語の上達」は間違っても望ま

ないでいただきたい。

　また、教養ある英語を身につけて何の役に立つのか、と首をひねる読者もいらっしゃるかもしれない。「役に立つ」という発想と教養とはむしろ対極にあるものである。あえて実用に引きつけるならば、教養を身につけることで人間的な魅力が増し、それが仕事にもプラスに働くという理屈も成り立つ。しかし、それはあくまでおまけのようなものである。ただし、教養ある英語を身につけるべく勉強することでさらに英語が好きになり、その学習が楽しくなるということはあるかもしれない。

　職業柄、高校生相手に講演をする機会を与えられることがあるが、質疑応答の際によく聞かれる質問の一つが、「単語がなかなか覚えられないのですが、どうすればいいですか」というもの。文脈と一緒に覚える、語源を研究する、例文に仕込んで何度も声に出して読む、書いて覚える、などなど、いろいろなアドバイスがあり得るところではある。だが、私はそういう答え方はしない。おそらくそのような質問をする生徒は、簡単に単語が覚えられる学習法を求めていると思われるからだ。そのような生徒に対してそういう答えを返したところで、さほど事態は改善しない。やはりうま

く覚えられないといって、すぐにあきらめてしまうであろう。

　私の答えはこうである。どうやったら単語が効率よく覚えられるか、と考えているうちは、やり方を工夫したところでさほど語彙力の向上は望めない。覚えるまでとにかくいろいろやってみるという発想で勉強をすること。目標から逆算するのである。そして、それを遂行するには、地道な努力をするしかない。とはいえ、英語力認定・検定試験の点数などを目標にしているようでは話にならない。さらなる高みを目指していただきたい。

　日本の英語教育・学習の歴史は200年以上に及ぶ。その中でさまざまな英語教授・学習法が提案、実践されてきた。とくに昭和中期以降は、やれ何とかメソッドだ、何とかプラクティスだ、何とかアプローチだと、「科学的」と称する教授・学習法が次々と華々しく登場しては消えていった。もとより巷間には先に述べたような謳い文句の学習法があふれている。だが、そのようなやり方で達人レベルの英語の使い手が生まれたという話はまず聞いたことがない。

　逆に、明治以降、母語話者をもしのぐ英語の読解力・文章力をもって国際的に活躍した学習成功者たちを調べてみると、みな基本に忠実な努力を地道に積み

重ねていることが分かる(斎藤、2000年などを参照のこと)。本書に記す学習法の根底には、そのような英語学習成功者に関する研究の知見がある。

　本書は、読者が教養ある英語を身につけるための手助けをする本である。しかし、くり返すが、本書を読み終えたときにそのような英語が身についているとは考えないでいただきたい。本書に書いてある学習法を地道に実行し、長い年月を経て教養ある英語の使い手になることを想定していただいたほうがよい。ただしそのためには、逆説的に聞こえるかもしれないが、どうやったら英語が得意になるかと学習法を工夫する段階を脱し、無我夢中で英語学習に没頭する時期を経なければならない。拙著『努力論——決定版』(中央公論新社、2013年)で論じた「三昧(さんまい)」の境地を経験する必要があるのだ。その三昧境に長く留まった者のなかから、名人上手と呼ばれる人が出てくる。
　2014年に将棋の竜王のタイトルを獲得したプロ棋士の糸谷(いとだに)哲郎氏が、その著書『現代将棋の思想』(マイナビ、2013年)の中で、英語学習にも通じる教訓を書き記している。

　　棋士が聞かれて言葉に詰まる質問と言えば、

「どうやったら将棋が強くなりますか?」という類の将棋の訓練法に関する質問である。やれば確実に将棋が強くなるような方法があったらまず自分が実践している、というのも詰まる理由の一つである。

だが、それ以上に大半の棋士は、自分がどうやって将棋が強くなったか、など覚えていない、もしくはどうやって強くなったのか意識していなかった、ということが大きいだろう。

子供の頃、夢中になって将棋を指した、または棋譜並べを行う、もしくは詰将棋を解いた、などの積み重ねによっていつの間にか将棋が強くなっていた、というのが棋士のおおよその共通見解であると思う。(中略)よって、将棋の訓練法としてこれが一番良い、というものは存在しないと思う。

個人個人の好みと力量に合わせて、実戦だけでも、または棋譜並べや詰将棋に偏っていてもよいが、とにかく熱心に毎日行うことが、上達する秘訣だと思う。

(「コラム④ 将棋の訓練法」、上掲書146頁)

実戦、棋譜並べ、詰将棋は、いずれも将棋の勉強の

なかで地道に取り組むべき稽古課目である。英語学習もしかり。次章からいろいろな英語の学習法を紹介していくが、重要なのは「個人個人の好みと力量に合わせて……熱心に毎日行う」ことである。心してページを繰っていただきたい。

　それでは、第1章より本格的に教養ある英語を身につけるための勉強をしていただこう。本書が志ある英語学習者の精進の一助となることを願う。

　　　　　　　　　　　　　　　　　　　斎藤兆史

めざせ達人！
英語道場

教養ある言葉を身につける

【目次】

まえがき　　　　　　　　　　　　　　　　　　　　　　003

第1章　教養ある英語とは何か　　　　　　　　　015
　　　　　――映画と文学を手がかりに

『ブリジット・ジョーンズの日記』／ジェイン・オースティン『高慢と偏見』／自由間接話法（描出話法）／ハリー・ポッターの自由間接話法／雑な英語？／教養ある英語の使い手となるための基本的な心構え

　　コーヒー・ブレイク❶　映画の隠し味としてのパロディ　　039

第2章　道具と下準備　　　　　　　　　　　　　043

勉強道具と環境・日課を整える／辞書／読み教材／学習帳・筆記帳（ノート）と筆記用具／英文法書／CD/DVDプレーヤー／視聴覚教材／情報機器／環境と日課

　　◆居残り学習――第1章を手強いと感じた読者のために　　058
　　コーヒー・ブレイク❷　英語教材としてのクリスティーの推理小説　　060

第3章　読み解く――単語・文法学習　　　　　065

まずは小手調べ／構文解析（parsing）／単語帳の作り方と語彙力増強法／学習英文法ふたたび

　　◆発展問題　　088
　　コーヒー・ブレイク❸　疲労と空腹を救った教養？　　093

第4章　聴き取る――聴解学習　　　　　　　　097

「聴き取れない」ということ／英語の音に慣れる――発音の

勉強、聞き流し／書き取り（ディクテーション）と速読／何が聴き取れないのか／全体を聴くか、細部を聴くか／英語字幕速読練習／読解学習とインターネット動画の視聴
   コーヒー・ブレイク❹ 多芸多趣味という教養の形   119

第5章 発信する——作文・会話学習   123
イギリスのラジオ番組とジャイルズ・ブランドレス／論理的に話すための作文学習／話題を増やすための作文練習／想定問答英文集／自叙伝を書く
   ◆発展学習   142
   コーヒー・ブレイク❺ 出来過ぎた話   146

第6章 実地で試す   151
教養を試すための実地とは何か／一般的な心がけ／職場やコミュニティの英語係を志願する／英語教師の自己研鑽／英語教師の文法学習／英語を専門的に用いる人たちへのアドバイス／ロッジ解読ふたたび
   コーヒー・ブレイク❻ 戦闘モードの英語   175

あとがき   179

解答・解説・和訳   184

参考文献   190

第 1 章
教養ある英語とは何か
映画と文学を手がかりに

†『ブリジット・ジョーンズの日記』

　教養ある言葉の使い手とはどのような人だろうか。日本語で話しているのであれば、言葉の端々にそこはかとなく漂う教養の香りを嗅ぎ取ることは必ずしも困難ではない。だが、教養なるものは簡単に定義できるものではなく、検定試験の数値で測れるものでもない。教養とは、いわば美的感覚に訴えるものであって、試験で測れる言語能力よりもはるかに高い次元に存在する。

　教養ある英語のイメージをつかんでいただくために、学習者の立場を逆転させ、日本語を勉強している英語の母語話者を想定してみよう。日本の企業に３年ほど勤めている若い男性で、日本語能力の検定試験でもビジネスに支障のないレベルの日本語話者と判定されている。日本のアニメが好きで、登場人物の台詞などもよく覚えている。誰かが悪さをすると、すかさず「月に代わってお仕置きよ」（古いか）と言って笑いを取る。そのつど「日本語が上手だね」と褒められる。

　ところが、松本零士の『銀河鉄道999』が好きだと言いながら、宮沢賢治の名前は聞いたことがないという。夏目漱石も森鷗外も川端康成も知らない。そもそも、日本文学の作品は１冊も読んだことがない。それ

を読み解くほどの日本語力も持ち合わせていない。さて、私たちはそのレベルの外国人を教養ある日本語の使い手と見なすだろうか。その人との会話において積極的に文化的な話題を持ち出すだろうか。多くの日本人の答えは「否」であろう。

　これと同じことが、日本人英語学習者についても言える。いくら英語で支障なく話をしているつもりでも、英語の母語話者から何度「英語がとてもお上手ですね」（'You speak very good English.'; 'Your English is very good.'）と褒められようと、教養のレベルで見切りをつけられている可能性がある。そもそも、逆の立場で考えても分かるとおり、自分の母語で対等の議論ができると思う相手に対し、普通は「〇〇語がお上手ですね」などといったお世辞は言わないものである。状況にもよるが、「英語がお上手ですね」と褒められたら、まずは落ち込まなくてはいけない。

　では、いったい英語の母語話者はどのレベルで言語文化を楽しんでいるのか。ひとつ例を挙げよう。2001年に公開された『ブリジット・ジョーンズの日記』（*Bridget Jones's Diary*）という映画がある。30歳を過ぎたイギリス人女性の恋愛事情を描いたロマンチック・コメディーである。原作であるヘレン・フィールディングの同名の小説（Helen Fielding, *Bridget Jones's Diary*, 1996）

はベストセラーとなり、映画自体も好評を博した。そのため、フィールディングの小説を基にした続編映画が2本作られている(『ブリジット・ジョーンズの日記——きれそうなわたしの12か月』[*Bridget Jones: The Edge of Reason*, 2004]、『ブリジット・ジョーンズの日記——ダメな私の最後のモテ期』[*Bridget Jones's Baby*, 2016])。日本でもご覧になった方が少なくないのではないか。

　第1作の映画の中に次のような一場面がある。女優レネー・ゼルウィガー扮するブリジットが、色男ヒュー・グラント扮する勤務先の上司ダニエル・クリーヴァーと恋仲となり、生活に潤いを感じはじめたころ、母親がおかしな実演販売の仕事に手を出してしまう。その状況を語り手たるブリジットが次のような英語で説明する。

　　It is a truth universally acknowledged that, when one part of your life starts going okay, another falls spectacularly to pieces.

　日本語字幕を見ずに、この英語の語りを聴き取ってその意味(「あまねく認められた真実として、生活の一部がうまく行き出すと、ほかの部分が見事に崩れるものである」)を把握した人は、かなりの英語力の持ち主で

ある。また、前半の It is a truth universally acknowledged という硬い表現に比べて、中間部に現われる going okay が妙に口語的であることに気づいた人は、英語の文体の綾(あや)までが分かる実力者と言っていい。さらに、そこの文体のズレに何らかの意匠が隠されていることまで見抜けるようなら大したものだ。

　このナレーションを聞いた瞬間、多くのイギリス人、そしてイギリス人以外の教養ある英語母語話者は、「ははあ、なるほど、そういうことか」とこの映画の仕掛けを見破る。もっとも、その多くは、ヒュー・グラントと並ぶ大物男優コリン・ファースがマーク・ダーシー（Mark Darcy）という役名で出ていることを知ったあたりで、うすうすそれに気づいているだろうし、フィールディングの原作を読んでその意匠を知った上で原作の映像化を楽しむ観客も少なくないであろう。

　その仕掛け、意匠とは、この原作と映画がある英文学の名作を下敷きにしているということ。そしてその作品とは、ジェイン・オースティンの『高慢と偏見』（Jane Austen, *Pride and Prejudice*, 1813）である。この作家、作品名、あるいは先の 'It is a truth universally acknowledged...' の文言に聞き覚えがないとすると、先述のアニメ好き英語話者と大差ない。立場を逆にすれば、川端康成も『雪国』も知らない、誰かが「（国境の長い）

トンネルを抜けると〜であった」と言っても、それが何の洒落なのかも分からない、ということである。

†ジェイン・オースティン『高慢と偏見』

　英語学習における教養や英米文学に関する素養の重要性を指摘すると、次のような反論を受けることがある。英語はもはや英米の言語ではなく、英米文化とともに英語を学ぶ時代は終わった。これからの日本人に必要な英語は、イギリス英語でもアメリカ英語でもなく、英米の文化的束縛から解き放たれたツールとしての英語なのだ、と。あるいは、英米人の真似をするのでなく、日本英語で堂々と発信せよと説く人もいる。

　それでは、そのツールとしての英語、あるいは日本英語とやらで話してみてくれないか、と言いたい。実例を見せてもらったことがないので想像するしかないが、そのような英語は、どうやら日本語なまりのある、日本人が犯しやすい文法的間違いを含む、雑な英語（らしき言語）のことを言っているようである。

　英語はもはや英米のものではない、だから英語を学ぶのに英米文化を学ぶ必要はない、というのは、一見もっともな理屈である。その理屈にしたがえば、英語を勉強するのに英語文学作品など読む必要はない。しかしながら、我々日本人も国語学習のどこかで漱石、

鷗外、川端をはじめとする国文学作品を読んでいる。

あるいは、そこまで格調高い文学でなくとも、昔話などの物語に親しみながら育っている。そのため、「どんぶらこ、どんぶらこ」と聞けば、日常会話には（そもそも桃太郎の話をしているのでなければ）まず現われない文句であるにもかかわらず、誰でも、ああ、大きな桃が流れてきたんだな、と理解する。そして、みな日常会話の文法だけでなく、国文学や物語に関する知識も利用しつつ日本語によるコミュニケーションを図っているのである。

同様に、英語話者も英語文学に関する知識を言語能力の一部として持っている。英語は世界語、国際共通語だと言ってみたところで、英語話者は当たり前のように母語の共通基盤の上に立って英語を運用している。文学作品もその共通基盤の一部なのである。

英語を理解するのに文学は必要ないと言う人は、おそらく素粒子の構成要素たる「クォーク」（quark）がアイルランド人作家ジェイムズ・ジョイスの『フィネガンズ・ウェイク』（James Joyce, *Finnegans Wake*, 1939）から来ていると聞いても、あるいはコーヒーのチェーン店スターバックスの名前が、ハーマン・メルヴィルの名作『白鯨』（Herman Melville, *Moby Dick*, 1851）の理知的な登場人物 Starbuck に由来すると聞いても、その命

名の裏にある精神に何ら興味を示すことなく、「だから何だ」と言うのであろう。本書の読者には、せめてその精神に興味を持ってほしいのである。

教養ある英語母語話者の言語共通基盤としての文学作品のなかでも、とくに有名なものとして先述の『高慢と偏見』がある。作者のジェイン・オースティンは、イギリスではチャールズ・ディケンズと並ぶ人気を誇る小説家だと言ってもいいであろう。本作のほかにも、『分別と多感』(*Sense and Sensibility*, 1811)、『マンスフィード・パーク』(*Mansfield Park*, 1814)、『エマ』(*Emma*, 1816) などの作品で知られている。まず、本作のあらすじを説明しておく。

地方の地主ベネット家の近くの屋敷に、ある日ビングリーという若い資産家が引っ越してくる。五人娘の良縁を願うベネット夫人は、何とかこの青年が娘の誰かをめとってくれないかと考える。近所付き合いが始まってみると、このビングリーがなかなかの好青年で、ベネット家の長女ジェインに好意を寄せている様子。ところが、彼の友人で、貴族を叔母に持つダーシーなる青年は、一見して高慢ちきで愛想が悪い。主人公であるベネット家の次女エリザベスは彼を毛嫌いする。

あるとき、ベネット一家は近くに駐屯する軍隊の将校たちと知り合う機会があり、エリザベスはそのうち

の一人ウィッカムからダーシーの悪口を聞く。自分の父親はダーシー家に仕えた執事であり、自分も遺産を相続できるはずが、ダーシーに阻まれたのだという。またあるとき、ビングリーが何の前触れもなくいきなりロンドンに帰ってしまう。これにもダーシーが絡んでいるらしい。エリザベスはますます彼が嫌いになる。

　そんなあるとき、彼女はダーシーから求愛される。まさに青天の霹靂(へきれき)であり、彼女はそれを拒むが、直後にダーシーから届いた手紙を読み、ある旅行の途中で訪れた彼の邸宅で見聞したことを吟味するうち、彼に対する自分の偏見に気づきはじめる。そして、ベネット家の末娘リディアとウィッカムの駆け落ち事件の解決にも、ダーシーが活躍する。エリザベスは彼の誠実な人柄に惹かれるようになり、彼の叔母の反対を押し切って彼の求婚を受け入れる。ジェインもビングリーと結ばれ、めでたしめでたしの結末となる。

　要するに、主人公の女性が、最初はいけすかないと思っていた男性と結ばれる話と覚えておけばよい。映画『ブリジット・ジョーンズの日記』をご覧になった方には両者の共通点が分かるだろう。そして、BBCによってドラマ化された『高慢と偏見』のなかでダーシーを演じていたのが、ほかならぬコリン・ファース(のちに『英国王のスピーチ』でアカデミー賞主演男優賞

を受賞）という訳である。

　また、教養ある英語話者なら誰でも知っている本作の冒頭こそ、映画に現われるパロディー文の元となっている次の一文なのである。

　　　It is a truth universally acknowledged, that a single man in possession of a good fortune, must be in want of a wife.
　　（あまねく認められている真理として、資産家の独身男性なら、妻を欲しがっているはずである。）

It is a truth universally acknowledged... と聞いた瞬間、ああ、オースティンか、と思えるようになれば上等である。さらに、この小説を読んだ上で、この一文に含まれる皮肉が理解できるようなら申し分ない。

　ついでながら書いておくと、2016年にディズニー映画の『ジャングル・ブック』が話題になった。1967年のアニメ映画を実写版として撮り直したもので、主人公モーグリ（Mowgli）以外はすべてCGで製作されたものなのだそうだ。その映像の迫真性についてはテレビなどで何度も語られていたが、残念ながらラドヤード・キプリング（Rudyard Kipling）という作家の名前を口にした番組は、少なくとも私が視聴したかぎり一

つもなかった。もしかしたら最初から『ジャングル・ブック』がディズニー映画だと思い込んでいるのかもしれないが、原作はれっきとした文学作品であり、その作者がイギリス初のノーベル賞作家キプリングなのである。教養ある英語話者であれば、*The Jungle Book* あるいは Mowgli と聞いた瞬間、まずキプリングの名が思い浮かぶ。読者諸氏にも、ぜひそうなってほしいものである。

†自由間接話法（描出話法）

今度はいきなり何の話かと思われるかもしれないが、「自由間接話法（free indirect speech/style/discourse）」と呼ばれる話法がある。昔の英文法の授業では「描出話法（represented speech）」として教えられていた。年配の方なら覚えていらっしゃるのではないか。じつは、この話法とジェイン・オースティンとは密接な関係がある。小難しい文法の話だと思わず、まずはどのような話法なのかを理解していただきたい。

文学作品にかぎらず、何かの出来事や事実を語るときには、まず「語り手」がいなければならない。そして、その語り手がどこかの視点から話をすることになる。日常会話であれば、語り手と視点人物が一致することが多い。ケイコさんが「昨日の映画、すごく面白

かった」と言えば、ケイコさんがケイコさんの視点から語っていることになる。じつはここが大事なところである。日本語でも、この語りの構造の誤解から、あるいはそれを知らないがゆえに、まちがった表現が使われることがある。

　たとえば、テレビの旅番組などで、番組の代表者（たとえばディレクターなど）が旅人として誰かの家を訪れ、昼食をご馳走になったとする。ナレーターが「○○さんのお宅でお昼を頂きました」というのはよい。「頂く」は謙譲語だから、ここではナレーターがその旅人の視点に立ってへりくだっていることになる。ところが、「○○さんのお宅では、みなさん毎日ここでお昼を頂いているようです」というような語りを耳にすることがよくある。ここでは語り手が語り手としての第三者の視点から客観的に語っているわけだから、「頂く」を用いると、勝手に○○さん一家をおとしめていることになる。したがって、本来は「ここでお昼を召し上がっている」、「ここで昼食を取っていらっしゃる」という表現が正しい。放送作家にももう少し文法や文体を勉強してほしいものである。

　さて、「語り手（narrator）」と「視点（point of view）」の概念を導入したところで、英語の話法の話に入ろう。たとえば、東京にいるのが好きである旨の発言を誰か

（とりあえず「彼（he）」としておこう）がしたとすると、それを英語で表現する仕方として次のようなものがある。

1. He said that he liked it there in Tokyo.
2. He said, 'I like it here in Tokyo!'
3. I like it here in Tokyo!
4. He liked it there（語り手の視点によっては here）in Tokyo!
5. He expressed his pleasure at being in Tokyo.

同様に、「彼」が同じことを頭のなかで考えたとすると、1から5に対応するものとして次のような表現が考えられる。

1. He thought that he liked it there in Tokyo.
2. He thought, I like it here in Tokyo!
3. I like it here in Tokyo!
4. He liked it there（語り手の視点によっては here）in Tokyo!
5. He thought of his pleasure at being in Tokyo.

このうち、伝達節を持つ1と2は、発話の場合も思

考の場合も、それぞれ間接話法、直接話法と呼ばれ、3が「彼」の発話と思考をそのまま表現した、自由直接話法と呼ばれる描写法となる。4はあとで説明するとして、5は、語り手が「彼」の発話と思考を俯瞰的に説明した文で、ミック・ショートというイギリスの学者が narrative report of speech/thought act（語り手による発話／思考行為の報告）と名付けた文体を用いている（Leech and Short, 1981: 318-51; 斎藤、2000：119-21 も参照のこと）。

さて、4の文だが、これが問題の自由間接話法（描出話法）である。語り手が語りの地の文法を用いながら（過去形＋三人称指示）、「彼」の視点に立ってその内面まで描き出している。同じ発話や心理を描く場合でも、3の自由直接話法がもっとも発話者／思考者に近い立場に立っているのに対し、5の「語り手による発話／思考行為の報告」では、もっとも語り手の声が強く響いている。自由間接話法はちょうどその中間に位置し、語り手と発話者／思考者の声を同時に響かせている話法なのである。この話法は、もっぱら小説のなかで用いられる。歴史をたどれば18世紀から存在していたものだが、これを本格的に用いた最初の英国作家が、だれあろうジェイン・オースティンなのである。

たとえば、『高慢と偏見』のなかに、ダーシーの求婚を拒んだエリザベスが直後に彼から手紙をもらい、彼に対する自分の見方に疑問を抱きはじめる場面があるが、そこに自由間接話法で描かれた次のような一文が現われる。

　　　How differently did every thing now appear in which he was concerned!
　　（いまや彼に関するすべてのことが何と違って見えてきたことか！）

　これは語り手が語っている地の文でありながら、感嘆文の構造によってエリザベスの心理的動揺を、nowという副詞によってエリザベスの経験の即時性を表現している。時制が過去形でも、このようにnowが用いられることがあるのである。
　余談になるが、以前、何かの会合の際、英語教育学を専門とする大学院生から文法に関する質問を受けた。具体的な文は忘れてしまったが、上記の文と同種のもので、どうして動詞の過去形とnowが結びつく（専門用語を用いると、「共起」する）のか分からない、英語教育学の研究会でも誰も分からなかったので教えてほしい、という内容であった。

私は驚くと同時に、すっかり呆れ返ってしまった。昔の英語教育関係者であれば、多少は英文学や文体論に関する素養もあったのだろうが、いったい昨今の英語教育「学」とやらは学生に何を教えているのだろうか。語りの構造というものが少しでも分かっていれば、上記のような質問が出ようはずもなく、誰も説明できないなどという奇怪な事態は起こらないはずなのである。このような研究者たちが指導的な立場に立っているようでは、日本の英語教育の前途は危うい。

　自由間接話法の話に戻ろう。この話法がもっぱら小説の語りのなかで用いられることは先に述べた。逆に言えば、それ以外の文体や日常会話のなかに現われることはまずない。口頭でのコミュニケーションを重視する昨今の英語教育のなかではほとんど教えられることもなく、英語教育学専攻の学生ですら説明できないのが実情である。だが、英語話者であれば、子どもでもその意味を理解している。

†ハリー・ポッターの自由間接話法

　英文学者の中村哲子氏（Nakamura, 2015）によれば、英語話者は子どものころから物語や小説などを通じて自由間接話法に慣れ親しんでいるという。だからこそ、子ども向けの物語のなかにこの話法が現れても、ごく

自然にその意味合いを理解するのである。中村氏は、ハリー・ポッター・シリーズにもこの話法がくり返し現われることを指摘し、例として『ハリー・ポッターと賢者の石』(J. K. Rowling, *Harry Potter and the Philosopher's Stone*, 1997) の第1章早々に現われる次の一節を引いている。

> For a second, Mr Dursley didn't realise what he had seen—then he jerked his head around to look again. There was a tabby cat standing on the corner of Privet Drive, but there wasn't a map in sight. What could he have been thinking of? It must have been a trick of the light. Mr Dursley blinked and stared at the cat.
> 〔拙訳〕一瞬、ダーズリー氏は自分の目を疑い——それから、ぐいと首を回して見直してみた。プリヴェット通りの角に一匹のぶち猫はいたが、どこにも地図は見当たらなかった。自分はいったい何を考えていたのか？　光の加減でそう見えたに違いない。ダーズリー氏はまばたきをして、猫をじっと見つめた。）

さて、このなかで自由間接話法が使われているのは、

いったいどの文だろうか。前節で話法の勉強をした読者ならもうお分かりだろう。分からない場合には、もう一度そこを読み返していただきたい。正解は、What could he have been thinking of? と It must have been a trick of the light の 2 文（厳密に言えば、must は現在形も過去形も形が同じなので、二つ目の文は自由直接話法と見かけが同じだが、これを自由間接話法に分類するのは、前後の文脈と文体を見ての判断である。このあたりの議論はまだ分からなくてもよい）。いずれも、語り手が語りの地の文法を用いながらダーズリー氏の思考を描いているのである。語り手の声とダーズリー氏の心の声が二重音声で聞こえてくるようなら上等だ。

　ところで、同じ中村氏の実践研究によれば、彼女が担当する大学の授業で自由間接話法の解説をした上で、物語文の創作を期末レポートの選択課題として出したところ、自由間接話法を使用するのが自然な文脈において自由直接話法を使う学生が多かったという。中村氏は、英語の自由間接話法に相当するものが日本語にはなく（私自身は、日本語には日本語の自由間接話法のような文体が存在すると考えている）、それを和訳する際に自由直接話法を用いることが多いため、同じような文脈でそれをそのまま英語の自由直接話法で表現してしまうのではないかと推測しているが、私はそれだ

けだとは思わない。

　小さいころから英語の物語に接していないのは仕方がないとして、中学・高校でもコミュニケーション中心主義の英語教育のなかで小説の文章を読んでいないのが大きな理由ではないか。ほとんど見たこともない文体を、たとえそれについての講釈を少し受けたところで、自らの作文のなかで使いこなせるわけがない。フルートを吹く要領だけを説明され、さあ吹いてごらんと言われるようなものである。

　昭和後期以降、日本の英語教育は実用コミュニケーション主義を突き進んできた。そして、実用的な英語として目に見えるものばかりを重視し、長い目で教養に資するような英語を役に立たないものとして排斥してきた。そのため、母語話者の脳内に潜在的に存在する文法のかなりの部分を無視し、学習者に偏った英文法を仕込むことになってしまったのである。

　教育理念の方針転換以来、破調の英語で単純なことを臆面もなく表現する日本人は増えたかもしれないが、教養のある英語の使い手として母語話者をうならせるような日本人は、むしろ少なくなっている印象を受ける。英語では、論理的に、はっきりと自己主張をするものだとの先入観から、ズケズケと物を言って外国人を怒らせてしまう日本人も少なくないと聞く。どうせ

英語を学ぶのであれば、母語話者たちが母語習得の過程のどこかで必ず学んでいる教養的な英語も一緒に学びたいものである。

雑な英語？

　英語に関する思い込みが雑な表現として口から出てしまう例を一つ挙げておこう。外国人と英語で話している最中、その外国人の自宅で何か思わぬ事態が起こったとの連絡が入ったとする。今すぐお宅に帰ったほうがいいですよ、という意味合いを英語で伝えるときにどうするか。

　もちろん、さまざまな伝え方があるが、日本人の多くは、「〜したほうがいい」と伝えようとすると、学校で習った had better... という表現を思い出し、You had better go home now と言いたくなるようだ。だが、文学作品や映画に親しんでいればわかるとおり、had better... は、I had better go home now（私はすぐに帰宅したほうがよさそうだ）というように自分自身に関する状況を説明する場合か、目上の者が目下の者に対して何かを示唆する場合に用いられることが多い。つまり、二人称に対してこの表現を用いると、命令口調になる危険性があるのである。

　話している相手が目下でないかぎり、このようなと

き、より適切な表現としては、たとえば I would advise you to go home now（いますぐ帰宅されたほうがいいと思います）や It might be better for you to go home now（いますぐ家にお帰りになったほうがいいかもしれない）といった言い方がある。

　ところで、この最後の二つの例文に現われる would と might は、それぞれ助動詞 will と may の過去形だが、ここでは過去の出来事を表わしているのではなく、「私としてはこのようにご忠告申し上げたい」、「もしかしたらこのほうがいいかもしれない」というような、話し手の心的態度（modality＝法性）を表現したものである。このような助動詞を用いるだけで、だいぶ表現が柔らかくなる。英語には敬語がないと思い込んでいる人が多いが、じつはこのようなモダリティーが日本語の敬語に近い意味合いを表わしていることも多い。

　また、丁寧に何かをたずねたり依頼したりする際に便利な単語として、wonder という動詞がある。たとえば、I'm wondering if you could explain that theory more in detail（その理論をもっと詳しく説明していただきたいのですが）や I was wondering if you could attend the meeting for me（代わりに会議に出ていただきたいのですが）というような形で使うことができる。Please explain… や I want you to attend… よりもはるかに丁寧

で洗練された表現である。

　目上の相手に対して had better を使ったことがある、あるいは wonder を上記のような丁寧表現のなかで使ったことがないというような人は、日頃からだいぶぶっきらぼうな英語を使っている可能性がある。本書を読んで教養ある英語が使えるようになっていただきたい。

†教養ある英語の使い手となるための基本的な心構え

　それでは、次章から具体的に英語学習をしていただくに当たって、何をすべきか、あるいは何をすべきでないかをまとめておこう。

　まず、最初から英語で話そうと焦らないこと。オギャーと生まれてきたときから四六時中英語に触れている母語話者と違い、中学・高校、あるいは大学で週に数時間英語の勉強をした程度で英語を何不自由なくしゃべるなどどだい無理な注文である。学校教育で何年も英語を勉強するのにさっぱり使い物にならない、学校教育が間違っているのだ、と文句を言う日本人は多いが、日本語と英語の言語的な距離を考えた場合、そもそもその目標設定が間違っている。学校で習う英語などは、語彙も文法もきちんと習得してようやく基礎の基礎であり、実際にはその基礎すら身につけていな

い場合が多いのではないか。

　したがって、まずは学校で習った語彙や文法をしっかりと確認する必要がある。学校で習ったことすら身についていないようでは、教養ある英語など身につくはずもない。まずは学校で使った教材を引っ張り出して見てみるもよし、学校で習った事項を思い起こしてみるもよし、自分がその基礎の基礎を身につけているかどうかを確認してほしい。それをすることなしに、簡単に英語が身につくことを謳った教材などをうかつに購入しないこと。

　それから、いま本書をお読みになっている読者のほとんどが日本語の母語話者であるとの前提で言えば、日本語を大事にすること。まずは教養ある日本語の使い手を目指すこと。日本語をいい加減に使っている人間が、外国語である英語を使いはじめた瞬間に急に上質な言語の使い手になれるわけがない。

　昨今、英語の授業は英語で行なうべきであり、それによっていままでの日本の英語教育のなかで育成することが難しかったコミュニケーション能力が身につくと誤解されている節があるが、中途半端な英語でいくらやり取りしたところで上質の英語が身につくものではない。適宜日本語を足場としてしっかりと英語を理解し、それを正確に、自然に運用できるようになるま

で訓練を積むことが肝要である。

　また、本章の内容から明らかなとおり、教養ある英語を身につけるためには、文学的な文章を多読することが必須の修業法となる。文学的な文章といっても、かならずしも詩、小説、戯曲の文章ばかりではない。昔話、伝記、自伝、歴史書、評論、随筆などなど、読者の教養を刺激し、それを高めてくれる文章はいくらでもある。ものによっては、科学を扱った書物のなかにも教養に資するものがある。推薦図書は次章で挙げることにするが、いまのところは文学的文章の重要性を認識しておいていただきたい。

コーヒー・ブレイク❶
映画の隠し味としてのパロディ

　本文中では、『高慢と偏見』を下敷きにした小説『ブリジット・ジョーンズの日記』とその映画版に触れたが、英米の映画の中には、名作や名監督へのオマージュの意味もあるのか、その名作や名監督の作品の一部を隠し味やモチーフとして用いているものが少なからずある。そして、そのような場面を見ると、思わずほくそ笑んでしまう。ここではその一例に触れつつ、元ネタとなった名画を紹介したい。

　『グリース』(*Grease*, 1978) というミュージカル映画がある。不良グループ内の対立を描いた学園コメディで、主演男優は、『サタデー・ナイト・フィーバー』で一躍有名になったジョン・トラボルタ、主演女優は、「そよ風の誘惑」や「フィジカル」をはじめとするヒット曲で知られる歌手のオリヴィア・ニュートン・ジョンである。本作のサウンド・トラックも大好評を博したが、トラボルタと一緒に歌う「愛のデュエット」は大ヒットした。'You're the one I want/ Oo, Oo, Oo（日本人の耳には「フ、フ、フー」と聞こえる), honey' の部分は、いまの若い人でも聞き覚えがあるはずだ。

　この映画の中で、トラボルタ扮する元不良グループのリーダーとほかの不良が川辺で自動車レースを

する場面がある。トラボルタが乗っているのは白い車、もう一方は黒い車である。最初にこの場面を見たとき、もしやと思ったが、案の定、レースの途中で黒い車に仕込まれた武器が明らかになる。車の駆動軸の外側にギザギザの歯がついており、車同士が近づくと、その歯が回転しながら相手の車を傷つけるのである。『グリース』を見たことがなくても、この説明を読んである名画を思い出す読者も多いのではないか。

その名画とは、アカデミー賞の11もの部門賞を獲得したウィリアム・ワイラー監督作品『ベン・ハー』(*Ben-Hur*, 1959)である（なお、のちに『タイタニック』と『ロード・オブ・ザ・リング』も同じく11の部門賞を獲得している）。もともとは、ルー・ウォレスの小説（Lew Wallace, *Ben-hur: A Tale of the Christ*, 1880）に基づいているこの映画のクライマックスは四頭立て馬車のレースで、チャールトン・ヘストン扮するベン・ハーは白馬の馬車に乗り、スティーブン・ボイド扮するライバルのメッサラは黒馬の馬車に乗る。そして、そのメッサラの馬車の車輪にギザギザの歯が取り付けられていて、接触した馬車を次々に破壊していくのである。

私は、映画のなかでもとくにこの『ベン・ハー』が大好きで、たしか高校生くらいのときに映画館で見て感動して以来、10回くらいは見たと思う。原

作の副題からも分かるとおりイエス・キリストの物語でもあるため、クリスマスのころにテレビ放映されることも多い。要所要所の台詞もいつの間にか覚えてしまったし、馬車が競技場に入る際の「ズン、ズンズ、ズールッツッツ、ズンズンズールクズンズン……」という荘重な行進曲（ぜひ本物を聴いていただきたい）が大好きで、しょっちゅう一人で口ずさんでいる。そして、見るたびに新しい発見があって面白い。たとえば、ユダヤの富豪であるベン・ハーがアラブの馬に乗って馬車レースに出場するところに何らかのメッセージが込められていそうだと気づいたのは、大学教員になってからのことである。

『ベン・ハー』の結末近くで、ゴルゴダの丘を上る途中で倒れたイエスにベン・ハーが水を差し出す場面がある。彼は、かつて奴隷として荒野を歩かされたとき、イエスに水をもらって命を救われたことがある。自分がいま水を飲ませようとしているのがその命の恩人であることに気づき、ベン・ハーは思わず 'I know this man!' と呟く。私の好きな場面の一つだ。最近この映画がテレビ放映されたときも当然のように見たのだが、このときは日本語吹き替え版で、英語音声への切り替えができなかった。

せっかくだから、この台詞が日本語でどう吹き替えられているのかを確認しようと思った。意外に訳しづらい英文だ。「私はこの男を知っている」など

という下手な直訳では、場面の情感を壊してしまうし、そもそもここでknowを「知っている」と訳すと、なかなか自然な台詞にならない。また、画面の口の動きと合わせなくてはならないという制約もある。翻訳者のお手並み拝見とばかりに聞いていたら、吹き替えの台詞は「水をくれたあの人だ！」となっていた。おお、なかなかやるではないか。思わず「あっぱれ」とばかりに心のなかで翻訳者に拍手を送った。

　『ベン・ハー』は、2016年にも新作が作られたらしい。私はまだ確認していないのだが、CGが使える時代だから、海戦や馬車レースの場面もだいぶ様変わりしているのではないかと想像している。新作が出たとはいっても、1959年版の『ベン・ハー』は、見ること自体が教養の一部となるような名画である。

第 2 章
道具と下準備

†勉強道具と環境・日課を整える

　教養ある英語の使い手となるためには、地道な自主学習をたゆまず続けていくことが絶対条件となる。そして、何はともあれ自主学習を行うために必要なものは、勉強道具である。ここでは、最低限必要なもの、できればあったほうがいいもの、の二つに分けて書いておく。いずれも高価なものである必要はない。

　まず、最低限必要なものは、辞書、読み教材、学習帳・筆記帳（ノート）、筆記用具、英文法書である。それぞれどのようなものが適当かについては、改めて別項で解説する。次に、できればあったほうがいいもの、教養ある英語を身につけるための手助けになるものとしては、CD/DVDプレーヤー、視聴覚教材、国際英語放送が受信できる情報機器である。これだけあれば、基本的な勉強ができる。あとは、自分の関心に合わせて揃えていけばいいだろう。

　次に勉強の環境も整えたい。せっかく勉強道具を揃えても、それが活用できないような環境に身を置いていたのでは英語力は身につかない。基本的な作業をしたり、英語の音声を流したり、口から発したりできる場所を確保する必要がある。もちろん、勉強をする時間を確保するための生活の工夫もしていただくことに

なる。

　また、「まえがき」で述べたとおり、本書は中学・高校の英語教師の自己研鑽を助けるための手引書でもある。中高の先生であれば、基本的に勉強道具／商売道具は身の回りに揃っているはずである。したがって、英語の教員を務めている読者、あるいは普段から何らかの形で英語と関わりを持ち、すでに勉強道具をひと揃いお持ちの読者は、本章を読み飛ばしていただいてかまわない。

† 辞書

　外国語を学ぼうとするとき、まず真っ先に必要となるのが辞書である。昨今の英語教育界では、できるだけ辞書を引かずに文章をさっと読んで、単語の意味を推測しながら英語の大意を取ることが大事である、というような考え方が広まっているようである。辞書を引き引き英文を精読する伝統的な学習法が実用的な英語力の育成に役立たなかった、との誤解があるためであろうか。

　読解教材のなかにも、学習者がいちいち辞書を引かずに済むように、本文中の主要な英単語の意味を語注として示しているものが増えているようだ。辞書を引いている時間を少しでも読解力の訓練に当てるべきだ

との発想によるものだとすれば、それはそれで一理ある。

しかしながら、辞書を引かない外国語学習などあるものではない。時として細かい語義にとらわれずに全体の意味を大まかに理解するような読み方もたしかに必要であり、そのような読み方の訓練もしておくに越したことはないが、精読ができるようになれば、いずれそのような読み方もできるようになる。どのような技芸を学ぶときも同じだが、まずは基本を丁寧に身につけなくてはならない。最初から辞書を引くなと指導するのは、書道で言えば、楷書も教えぬうちから、とにかく自由に伸び伸びと漢字を書いてみろと指示するようなもので、およそ品格のある字など書けるようになるものではない。教養のある英語を身につけるには、かつての英語達人たちと同じように、こまめに辞書を引く習慣をつけたほうがよい。

問題はどのような辞書を使うかだが、これから一念発起して勉強を始めようという人には、まず高校で使ったような中型の英和辞典と英語学習者用の中型英英辞典で十分である。類語辞典とか、慣用句辞典とか、活用辞典とか、そのような特殊な用途のものではなく、あくまで普通の学習用の英和／英英辞典でかまわない。引き心地のいい辞書を選び、それを徹底的に使い込ん

で、その記載内容が物足りなくなるか、ボロボロになって使いづらくなったら、その時はじめて新しい辞書を買えばいいだろう。その機会に少し大型の辞書に乗り換える手もある。いずれにせよ、辞書を引かずして英語運用のための基礎体力がつくことはまずない。

また、辞書に関する重要な選択肢として、紙の辞書と電子辞書のどちらを選ぶかという問題がある。英語学習に関する講演会の質疑応答の際などにその選択に関するアドバイスを求められることも少なからずあるが、そのような場合、少なくとも自宅学習用には紙の辞書を勧めることにしている。単語のつづりを確認しながら紙のページを繰る感覚や紙面の映像に関する記憶が語彙の定着を助けると考えるからである。

とはいえ、昨今の電子辞書の進歩は目覚ましく、持ち運びにも便利である。1台にいくつもの辞書を搭載している場合が多いので、語義の記載を比較することもできるし、単語帳機能がついているものも多い。あくまで紙の辞書で行くもよし、電子辞書の利便性に頼るもよし、それらを併用するもよし（ちなみに私自身は、英語を専門にしていることもあり、複数の紙の辞書と複数の電子辞書を併用している）、やはり相性のいいものを選んで使うのがいいだろう。

† **読み教材**

　英語の勉強は奥が深い。学習項目も、いわゆる読解・作文・聴解・会話の4技能（私は、これに加えて思考力が重要だと考えている）の伸長を目指すものを中心として、多岐にわたる。とはいえ、教養を身につけるためには、とにかく英文読解が中心的な学習項目となる。それで、何を読むかだが、ここでも自分の英語力にあったものを選ぶのが一番である。

　読み教材といっても、別に「英文読解」や「英文解釈」に特化した学習書や参考書を買う必要はない。手始めとしては英語で書かれた読み物があればよい。書名だけを頼りにインターネットで購入すると中身がくわしく確認できないので、書籍の場合には、できれば実際に書店の洋書売り場に出向いて、中身を確認して購入するといいだろう。懐具合が寂しい場合には、英字新聞を1部買って、その文芸欄を中心に精読するだけでも、数週間分くらいの教材になる。

　本節では、3冊だけ推薦図書を挙げておく。まずはDavid Lodge, *The Art of Fiction* (Secker & Warbury, 1992)。これからの章の学習項目を説明するときの教材例としても用いるので、洋書を購入したいと思っていながら具体的な書名が思いつかない読者は、これを教材とし

て購入してもいいだろう。Penguin Books のペーパーバック版（1994）もあり、洋書にしてはかなり廉価である。『交換教授』（*Changing Places*, 1975）、『小さな世界──アカデミック・ロマンス』（*Small World: An Academic Romance*, 1984）、『素敵な仕事』（*Nice Work*, 1988）などの学園コメディで有名なイギリス人小説家が小説作法の種明かしをしている本で、ある程度英語の心得があったとしてもすらすらと読める本ではないが、教養ある英語を身につけるための教材として優れた点がいくつかある。

まず、本文が元々イギリスの一般読者を対象として新聞（*The Independent on Sunday*）に連載されたものであり、内容の割に比較的平易な英語で書かれていること。そしてまた、作者ロッジは小説家でもあり文体論学者でもあるため、その英語が上質であること。そして、教材としての最大の利点は、前章で論じた *Pride and Prejudice* をはじめ、教養の一部として読んでおくべき英語文学作品のかなりのものが簡潔に紹介されており、その記述内容を手掛りとしてさらなる発展学習がしやすいこと、などである。なお本書には、名翻訳家・東京大学名誉教授・柴田元幸氏と私の手になる邦訳（『小説の技巧』白水社、1997年）があるが、文芸翻訳の勉強をするのでもなければ、これを買い求める必要

はない。本書で提示する学習法を実践するには、原著だけで十分である。

2冊目は、Bertrand Russell, *The Conquest of Happiness* (1930)。古典的名著であり、いくつかの出版社から出ているので、出版社名は記さずにおく。入手しやすいものを選んでもらえばいいだろう。バートランド・ラッセルは、昭和後期の大学入試の最頻出作家である。当然ながら、ラッセルの英文は模擬試験の問題文や受験参考書の読解用例文として多用された。そのなかでも一番多く使われたのがこの『幸福論』だと思われる。

個人的な思い出を記すことをお許しいただければ、私は、少なくとも最初は受験対策としてラッセルを多読したおかげでだいぶ英語力がついたと思っている。いまの私の立場から見ても、その英文は文法的に正確かつ論理的に明快であり、文法・読解練習用教材として、また英作文のお手本として何度でも読むに値する。もちろん、英文として時代を感じさせる部分も多いが、ラッセルの英語のリズムを身につけておけば、どのような英語を学ぶにせよ、その先の伸びが違う。このような手本となる英文作家をきちんと見つけてきてくれたところが昭和の英文学者たちの偉いところである。

昔の学者は偉かったと言ってばかりはいられないので、現代の名文作家の手になる著作を挙げておこう。

もちろん、本書の読者が教養を身につけることを考えて選んだものである。それは、V. S. Naipaul, *Reading & Writing: A Personal Account*（New York Review Books, 2000）である。

ナイポールは、イギリスのブッカー賞も、さらにはノーベル文学賞も受賞した大作家である。代表作ということでいえば、小説や旅行記をはじめほかにいくらでもあるが、あえてこの自叙伝を選んだのは、まずは何より読みやすくて上質の英語で書かれていること。また、自叙伝の文体なので、自分の文化的アイデンティティを表現するときの手本になること。ナイポールがもともと、かつてイギリスの植民地であったカリブ海の島国トリニダード・トバゴ出身のインド系作家であることを考えると、さらに英米文化以外の文化を英語で表現するときの手本でもある。さらに本書には、ナイポールが小さいときから読んできた文学作品がたくさん記載されているので、それを参考にして彼の教養的な読書を追体験することもできる。

†**学習帳・筆記帳（ノート）と筆記用具**

これは、文具店で購入できる、罫線つきの（お好みとあらば、罫線なしの）学習帳である。普通の大学ノートが1冊あれば当面の用に立つが、いずれは1冊、

また1冊と買い足していくことになる。最初の1冊も使い切れぬようでは、教養の英語などほど遠い。レポート用紙で代用してもいいし、メモ紙や反古紙(ほご)が大量に手元にあるような場合には、それをファイルで綴じて用いる手もあるだろう。

　用途としては、主として単語帳である。調べた単語の発音、語義、用例を書き付けていくのである。さらには、勉強中に出会った新しい語法、例文、文法事項を書き留めたり、名文を書写するのにも有用である。

　先の節で論じたとおり、昨今、辞書や書籍はデジタル化が進んでいるので、使い勝手のいい電子辞書や電子書籍はどんどん使ってもらって結構だが、英単語や英文を手で書き写す手間を省くのはよくない。筆写や音読の際の身体感覚は、語学学習をおおいに促進させてくれるものである。何をどんな風に書き留めていくかについては、次章で辞書の使用法と一緒に解説する。

　筆記用具は、英語を書き留めるのが目的なので、鉛筆でもボールペンでも万年筆でもかまわない。いつでも手元に置いておけるもので、使いやすいものをご用意いただきたい。

†英文法書

　語彙力を増強するだけでもだいぶ英語力が向上する

とはいえ、できれば同時に基本的な文法はしっかりと押さえておきたい。そこで英文法書を（できれば何度も）読んで文法を勉強してほしい。

これも特殊な本を改めて用意する必要はない。高校在学中に購入した学校指定／推薦の学習英文法の本、あるいは大学受験のための英文法書が1冊あれば、それで十分である。そのようなものを買った覚えがない、買ったけれども無くしてしまった、あるいは捨ててしまったという読者もいると思うので、拙著で申し訳ないが、代替の教材として『英文法の論理』（NHKブックス、2007年）を挙げておく。高校生用の学習英文法書ほど網羅的でなく、語彙の選択と統語規則を中心に論じた本だが、普通の文法書よりはだいぶ短くて読みやすいと思う。

逆に、伝統的な学習英文法を間違っているとして、新しい学習英文法の大系を提示すると称しているような本はだいぶ怪しい内容のものが多いので、手を出さないほうが無難である。

†CD/DVDプレーヤー

辞書、読み教材、学習帳・筆記帳、筆記用具、英文法書が揃えば、これだけで基本的な勉強ができる。ここからは発展学習用の機器や用具である。

視聴覚教材を用いる聴解勉強の際に必要になるのが、CD/DVDプレーヤーである。10年前なら、まだカセット・テープ・レコーダーも含めていたかもしれないが、残念ながら（カセット・テープで勉強した人間としては）、古いテープを再生して内容を確認する以外、もはや使い道はほとんどないであろう。

　それで、一口にCD/DVDプレーヤーと言っても、さまざまなタイプがある。まず、どこまでの機能を求めるかは、どのような学習をするかによる。CDによる音声の学習だけでいいのであればCDプレーヤーで十分だが、第1章で触れたような映画やドラマも教材として用いるのであれば、DVD/Blu-rayディスクが再生できる機器が必要となる。DVD/Blu-rayプレーヤーの中には、CDも再生できるものが多いので、その場合にはCDプレーヤーを別に購入しなくてすむ。

　あるいは、コンピュータをプレーヤーとして使用することも可能である。ただし、テレビで放映される映画やドラマを録音して勉強するには、レコーダー付きのものが必要となる。自分がどのような勉強をするかによって選べばいいだろう。

　また、最近はMP3プレーヤーやスマートフォン、タブレットなどでも音声や映像の再生が簡単にできる。お持ちの方はそれを使うのもよいだろう。

†視聴覚教材

　これは英語の視聴覚素材を収めた CD や DVD/Blu-ray ディスクという意味であり、CD や DVD つきの市販の英語教材のことではない。もちろん、受験勉強のときに買った CD 教材や、好きな海外ドラマの DVD などを持っているのであれば、それも大いに活用してほしい。

　海外の映画やドラマ（もともとが英語音声のもの）の DVD/Blu-ray 版を教材として購入する場合、英語字幕が出るかどうかを確認してほしい。最近では、映画／ドラマのなかの台詞がかなり忠実な文字信号としてディスクに入力されていることが多く、英語字幕が出る設定で再生すれば、字幕を確認しながら英語音声を聴くことができる。ただし、古い映画などの中には英語字幕が設定されていないものがあり、またものによっては英語音声と字幕がだいぶ違うことがあるので要注意だ。商品を購入する際にディスクの字幕設定を確認するようにしていただきたい。

　また、現在は Netflix のような定額で海外の映画やドラマを見放題のサービスもある。新旧さまざまな作品があり、英語字幕も出せるので便利である。

† **情報機器**

　これは、もっぱら英語放送を受信するためのものである。インターネット契約をしている情報機器であれば、英語のニュースをはじめさまざまな番組を視聴することができる。基本的には、普通のコンピュータやスマートフォン等があれば十分だろう。

　廉価のラジオでも、英語放送を聴くことができる場合がある。また、テレビを活用する手もある。日本のニュースや海外映画・ドラマの二か国語放送を英語音声で視聴してもいいし、しかるべき契約をすれば、ケーブル・テレビでBBCやCNNなどの国際英語放送を視聴することができる。

† **環境と日課**

　基本的な勉強環境としては、一人用の落ち着いた勉強部屋があれば一番いい。加えて重要なのは、ある程度の音を出してもいいこと。英語音声を流したり、音読をすることが日常的な学習項目になるので、それが人の迷惑にならないような、そして周囲の音声が自分の学習の邪魔にならないような場所を見つけることが重要である。何も防音室のようなものを作る必要もないが、勉強道具を周りに置いて学習に集中できる場所

を見つけてほしい。

　最後に、日課を整える重要性を指摘しておきたい。いかなる技芸であれ、本格的な上達を望むのであれば、何らかの形で毎日かならず稽古を積むことが必要である。中高の英語教師の場合には、少なくとも授業のある日には英語に接しているはずだが、週末や休日の過ごし方も工夫し、さらに自分の力を伸ばすような学習項目を見つける努力をしてほしい。

　普段、英語とは直接関わりのない仕事に従事している読者も、工夫次第で毎日どこかで英語を勉強することはできるはずである。通勤電車のなかで英語の音声を聴くこともできるだろうし、洋書を読むのもいいだろう。帰宅してくたくたに疲れている場合には、単語帳に書き記した単語を一つ書写するだけでもいい。かならず毎日英語に触れる努力を怠らないでいただきたい。

　英語の諺に 'Where there's a will, there's a way' というものがある。日本の「精神一到何事か成らざらん」という諺に対応するものとして紹介されることが多いが、原文の意味からすれば「精神一到……」と訳すのはやや大げさで、原意は「やる気さえあれば、かならず何かしらやり方はあるものだ」という意味である。英語の勉強にしても、志さえあれば、かならずやるべきこ

とが見えてくるはずである。道具を揃え、環境と日課を整え、いったん教養英語の学習をはじめるからには、それが身につくまであきらめない、という心構えで日々の課業に取り組んでいただきたい。

◆居残り学習
―― 第1章を手強いと感じた読者のために

前章を読みながら、自分にとって本書の内容が難しすぎるのではないかと感じた読者のために、いわば「居残り学習」として、次章に進む前の準備学習を課しておく。やる気さえあれば、どんな学習内容であろうと難しすぎることはない。下記の課業にしっかりと取り組んで、次の学習に進む気分を高めてほしい。

(1) 第1章、第2章に現れた英単語のなかで知らないものをチェックして辞書で調べ、発音と意味を確認しなさい。単語帳の作り方については次章で解説するので、ここでは辞書の記載内容を確認するだけでよい。

（2）『高慢と偏見』冒頭の次の一文を、暗唱できるようになるまで音読しなさい。発音が分からない単語については、かならず辞書で確認すること。

　　It is a truth universally acknowledged, that a single man in possession of a good fortune, must be in want of a wife.

（3）31ページに引用してある『ハリー・ポッターと賢者の石』の英文を三度書写しなさい。

（4）毎日かならず何らかの英語音声を聴き、その音を発しているのが自分であるとイメージしながら、かぶせ読みの練習をしなさい。音声が聞き取れない場合には、軽く口を動かすだけでもよい。

コーヒー・ブレイク❷
英語教材としてのクリスティーの推理小説

　本章では、教養を身につけるのに役立つ洋書を三つ紹介したが、かならずしも教養的とは言えないまでも、読んでいて楽しく、また同時に英語力が身につくような英書はいくらでもある。ここでは、私の大好きなアガサ・クリスティーの推理小説を紹介する。

　イギリスの作家アガサ・クリスティー（1890〜1976）は、言わずとしれたミステリーの女王である。『スタイルズ荘の怪事件』（*The Mysterious Affair at Styles*, 1920）でデビューし、55年の長きにわたって毎年1冊以上の小説を発表しつづけた。とくに名作として名高いのは、『ロジャー・アクロイド殺人事件』（*The Murder of Roger Ackroyd*, 1926）、『オリエント急行殺人事件』（*Murder on the Orient Express/ Murder in the Calais Coach*, 1934）、『ABC殺人事件』（*The ABC Murders*, 1936）、『ナイル殺人事件』（*Death on the Nile*, 1937）、『そして誰もいなくなった』（*Ten Little Niggers/ Ten Little Indians/ And Then There Were None*, 1939）あたりだろうか。さらに、衝撃作という意味で、『カーテン』（*Curtain: Poirot's Last Case*, 1975）をここに加えたい。彼女はまた劇作品も手掛け、とくに『ねずみ取り』（*The Mousetrap*, 1952）はロンドンで長期上演されて好評を博し

た。死去するまでに彼女が発表した推理小説は80冊以上、その時点での総売り上げ部数は4億部と言われている。気が遠くなるような数字だ。

　クリスティー作品のいいところは、まず何と言っても純粋に読んでいて楽しいこと。これだけ面白くて結末までしっかり辻褄の合った小説を、よくぞこれだけたくさん書いたものだと感心せずにはいられない。トリックの奇抜さもさることながら、犯罪に収斂する人間ドラマが読者を引きつけて離さない。

　また、英語教材として優れた点を挙げれば、まず英語がすっきりとしていて読みやすい。英文の質もよい。語彙も豊富なので知らない単語がたくさん出てくるかもしれないが、物語を読んでいるうちに、あるいはクリスティーの小説をいくつか読んでいるうちに同じ語句がくり返し出てくるので、それほど頻繁に辞書を引かなくても済む。もちろん、英語学習において辞書を引くことは必須であり、その回数に比例して読解力が伸びると言ってもいいくらいだが、さすがに推理小説を読むのに辞書ばかり引いていては、肝腎の流れが分からなくなってしまう。

　クリスティー作品を楽しみつつ英語力を伸ばしたい場合は、辞書を引くのを最小限に留めて、物語の流れを把握するほうを優先してほしい。ただでさえ、彼女の小説は（おそらくは作為的に）人間関係が複雑に絡み合っていて、それを理解するのにだいぶ頭

を使うからだ。

　それから、英語の学習としてはやや高度なものになるが、語りの文体の勉強になる。クリスティーの推理小説と聞くと、テレビ・ドラマの印象もあってか、ベルギー人探偵エルキュール・ポアロかお婆ちゃん探偵ミス・マープルが難事件を解決する物語だと思っている読者が多いかもしれないが、二人が登場する物語は彼女の推理小説の半分ほどである。語り方で分類してみると、ポアロの友人ヘイスティングズが語るもの、全知の語り手が語るもの、登場人物の誰かが語るもの、全知の語りと登場人物の語りの組み合わせ、などなどさまざまな語り方がある。おそらくクリスティーは、どこかで本格的な文体修業をしたのではないだろうか。物語の性格上あまり詳しいことは言えないのだが、意匠に応じてそれらを巧みに使い分けているように見受けられる。

　さらに、クリスティーの推理小説は長さもちょうどいい。昔のフォンタナ版やポケット・ブックス版で200ページ前後、現在もっとも入手しやすいハーパーコリンズ版で300ページ前後なので、読み応えがありつつきちんと読み切れるくらいの長さである。その小説が（短編小説集も含めると）全部で84冊ある。私のような収集家気質の人間にはたまらない量だ。10冊ではすぐに読めてしまうし、200冊では読みきれない。だが84冊と言われると、なんとか制

覇したくなる。私自身は、出版年の早いものから順に振った番号を背表紙に記し、読み終えたものから研究室のクリスティー・コーナーに並べて喜んでいる。

　収集癖があって英語力を伸ばしたいと思っている読者は、とりあえず何作かクリスティー作品を読んでいただきたい。そこで止められなくなったらめっけものだ。そうなれば、英語力の伸びが止まらなくなったに等しいからである。

第 3 章
読み解く
単語・文法学習

†まずは小手調べ

 それでは、まずは小手調べとして、前章で紹介した David Lodge, *The Art of Fiction* 冒頭のまえがき（Preface）の一段落目をお読みいただきたい。制限時間は２分。

> For twelve months between 1990 and 1991, the poet James Fenton contributed a weekly column to the book pages of *The Independent on Sunday* entitled "Ars Poetica", the title of a famous treatise on poetry by the Roman poet Horace. Each week Fenton printed a short poem or extract from a poem, and wrote a commentary designed to throw light on both the text and some aspect of the art of poetry in general. Early in 1991 the literary editor of the newspaper, Blake Morrison, rang me up and asked if I would be interested in writing something similar about prose fiction when James Fenton had finished his stint.

 さて、これを２分以内に読み終えて、細部に至るまで完璧に理解した読者は、もはや拙著をお読みいただく必要はないであろう。教養的な内容の英書をどんどん読み進めていただきたい。逆に、分からない単語だ

らけでチンプンカンプンだという読者は、これからの学習項目に取りかかる前に、前章末に記した「居残り学習」を実践した上で、中学・高校で習ったことを復習してほしい。

多くの読者は、いくつか分からない単語があるにしても、デイヴィッド・ロッジが記事を書くことになった経緯が書かれているのだな、と理解したのではないか。そのくらいの理解度で読み進めていっていい読み物もあるにはあるが、教養を身につけるには、もう少し細かいところまで読み解きたい。そのためには、語彙と文法に関する知識と理解をさらに深めていく必要がある。

語彙（vocabulary）とは、厳密に定義しようとするとなかなか厄介な概念ではあるが、簡単に言ってしまえば、ある言語の中にある単語の集まりである。語彙項目（vocabulary item）は、その一つ一つの構成要素だが、それは単語一つの場合もあれば、句動詞や熟語など、単語の集まりの場合もある。これを文法規則にしたがってつなげていくことで文（sentence）、さらにテクスト（text）や談話（discourse）ができあがる。

文法（grammar）とは、これまた厳密に定義するとなると一筋縄ではいかないが、言語の中に内在する規則（性）のことを指す。伝統的な学校文法は、文法的

な「正しさ」を保証する規範文法（prescriptive grammar）であったが、現代の理論言語学における文法は、母語話者の言語運用の記述を元に構築される記述文法（descriptive grammar）である。ただし、日本の学校現場で「文法」という言葉が用いられる場合、専門的に言えば統語法（syntax）で扱われる構文規則を指すことが多く、本書の中でも、とくに断りのないかぎり、学校文法における統語規則を指すことにする。

† **構文解析（parsing）**

　ここで、前掲の英文を用いて、日本の英語教育の現場で長らく悪者扱いされてきた活動を行なってみたい。かつて「パージング」（元の英語の発音から考えると「パーシング」と表記するほうが正しい）と呼ばれた活動にも近い構文解析である。

　文法や読解にこだわっていたから日本人は英語ができないと言われてきたが、オーラル・コミュニケーション中心の授業に切り替えて英語ができるようになったかというと、少なくとも私の30年以上におよぶ大学英語教師としての経験からすれば、大学生の英文読解力はだいぶ落ちてきている。会話がうまくなっているかというと、そちらもあやしい。本来中学・高校でやっておかねばならない文法・読解の訓練が不十分な

ため、英語の基礎がぐらついているのである。
　日本人は文法を気にしすぎるから英語が使えないと言われるが、そうではない。文法が気にならなくなるほど十分な稽古を積んでいないから、使えないのである。中学や高校における週数時間の授業でできることは、せいぜいその基礎的な稽古であって、それを嫌がって「コミュニケーション」などという捉えどころのない理念を現場に持ち込んだところに日本の英語教育政策の大いなる失敗があった。
　前置きが長くなったが、それではもう一度先の英文の１文目を見てみよう。

> For twelve months between 1990 and 1991, the poet James Fenton contributed a weekly column to the book pages of *The Independent on Sunday* entitled "Ars Poetica", the title of a famous treatise on poetry by the Roman poet Horace.

　さて、ここからは少し脳に汗をかいていただく。しばしの辛抱をお願いしたい。まず、この文の核となる部分はどこだろうか。学校文法における５文型の分類で言えば、S（subject＝主語）は the poet James Fenton である。この句も、厳密に言えば、定冠詞＋名詞の the poet と固有名詞の James Fenton が同格（apposition）でつながっている。「詩人ジェイムズ・フェントン」の意だ。

述語動詞は「寄稿する」の意の動詞 contribute の過去形 contributed で、ここでは a weekly column（不定冠詞＋形容詞＋名詞）という名詞句を目的語（object）とする他動詞（transitive verb）である。contribute と言うと「〜に貢献する」の意味で覚えている人がいると思うが、その場合は自動詞（intransitive verb）なので、やや用法が違う。それで、これを組み合わせた the poet James Fenton contributed a weekly column「詩人ジェイムズ・フェントンは週刊連載の記事を寄稿した」が文の核であり、文全体は SVO の第３文型に分類される。

なお、column という単語は第一義的には「柱」を意味し、そこから転じて新聞や雑誌において柱のように縦長になっている欄、そしてそこに書かれている記事を意味するようになった。この機会に覚えておくといいだろう。

冒頭の For twelve months between 1990 and 1991 はどのような構造で、どのような意味だろうか。品詞の観点から見れば、For（前置詞）＋ twelve（形容詞）＋ months（名詞）＋ between（前置詞）＋ 1990（名詞）＋ and（接続詞）＋ 1991（名詞）という構造になっている。

さらに大きな固まりを見れば、この部分はFor twelve months（12か月間＝1年間）＋between 1990 and 1991（1990年から1991年の間の）という二つの部分から成り立っている。全体としては、「1990年から1991年までの1年間」という意味で、「1年間→寄稿した」という形で、動詞のcontributedにかかる。

　句全体は、言語学的に言うと、前置詞のforに導かれた前置詞句ということになるが、often contributed（頻繁に寄稿した）、regularly contributed（定期的に寄稿した）のoftenやregularlyという副詞（adverb）と同じかかり方をしている。そして機能として副詞と同じ役割を果たしているという意味で、「副詞相当語句」（adverbial；Quirk et al.［1985］にならい、大文字のAで表記する）に分類される。

　この「副詞相当語句」の意味がよく分からない読者は次の囲みの解説を読み、分かる読者はそこを飛ばして次の段落に進んでほしい。

解説　副詞（adverb）と副詞相当語句（adverbial）

　英語の副詞は、動詞、形容詞、さらに副詞自身を修飾するときに用いられる。I usually get up at

seven の usually、She looks so beautiful の so、He studied very hard の very は、それぞれ動詞、形容詞、副詞を修飾する副詞である。

　さて、「われわれはすぐに仕事に取りかかったほうがいい」という意味の英文を書くとする。We should start working に続けて immediately とするか、at once とするか、それとも as soon as we can とするか。いずれの語句も「すぐに」という意味合いを表わすが、構造的に見れば、immediately は１単語で副詞、at once は前置詞 at ＋名詞 once の句、as soon as we can は接続詞 as ＋副詞 soon ＋接続詞 as ＋代名詞 we ＋助動詞 can（さらにこの後ろに start working が省略されている）の節である。構造こそ違え、１単語としての副詞ばかりでなく、このように副詞の意味合いを表わす語句を「副詞相当語句」と呼ぶ。なお、上記の「句」(phrase) と「節」(clause) の違いが分からない場合には、次の囲みの解説を読むこと。

　つぎに、to 以下の文の後半部を解析してみよう。前半部との関連で言えば、contributed a weekly column to...（週刊連載の記事を〜に寄稿した）の to 以下にあた

り、記事の寄稿先を示している。

　それで、その寄稿先が the book pages of *The Independent on Sunday*（『インディペンデント日曜版』の文芸欄）である。イタリックになっている部分が新聞の名前。ただし、次の entitled "Ars Poetica" は、その寄稿先を飛ばして、「「詩の技巧アルス・ポエティカ」と題する（記事）」という形で column を修飾している。entitled は動詞 entitle（「〜と題する」の意）の過去分詞形、"Ars Poetica" は column に対して補語として機能している。なお、この記事のタイトルはラテン語なので、単語として理解できなくても問題ない。ただし、ars と英語の art、poetica と英語の poetry の間に関係がありそうだと感じた読者は、いずれ英語史をひもといてラテン語と英語との関係を勉強してほしい。それも英語に関する大事な教養の一つである。

　さて、最後の the title of a famous treatise on poetry by the Roman poet Horace の部分は、上記のラテン語の題名と同格で、フェントンの記事の題名が「ローマの詩人ホラティウスの有名な詩論の題名」と同じであることを示している。つまり、to the book pages of *The Independent on Sunday* が統語論的には前置詞句、機能としては冒頭部と同様副詞相当語句であり、entitled "Ars Poetica", the title of a famous treatise on poetry by the Roman poet Horace が column にかかる後置修飾の句となる。文全体としては、ASVOA という構造である。

†単語帳の作り方と語彙力増強法

　ここまでの説明を読んで高校時代のつらい文法学習を思い出し、またここからやり直しかとうんざりした読者も多いかもしれない。その通り。ここからやり直さなければならないのである。この峠を越さないかぎり、どんなことをしても目的地にはたどり着かない。

　文法を気にせず、英語をシャワーのように浴びて、自由に伸び伸びとコミュニケーションを図るのがよいと説く指導者もいる。だが、小学校英語を専門とする英語教育学者をはじめ、そのようなことを言う指導者のなかで教養のある、高度な英語を操る人を見たことがない。

　もちろん、ひたすら文法と読解ばかりでは飽きてしまうし、即興的に英語を使う力はなかなか身につかない。せっかく教養を身につけても、英語による会話のなかでそれがとっさに出てこないようでは宝の持ち腐れだ。英語教育をめぐる学問研究のなかでは、正確さ（accuracy）と流暢さ（fluency）のどちらが大事か、などという、ありきたりな二項対立に基づくくだらない議論が盛んだけれども、どちらも大事に決まっている。

というより、そんな二項対立を立てること自体が机上の空論だ。とにかく基礎をしっかりと固めて、それが応用できるように訓練を積む。それだけである。

　その基礎固めのなかで、まず大事なのが語彙力の増強である。スポーツにたとえれば、走り込みなどをして基礎体力をつける訓練に匹敵する。基礎体力がなければ、それぞれの競技に必要な技は縦横無尽に使いこなせない。英語修業においては、まず語彙力をつける。何語身につけておくべきか、などとせせこましいことを考えているようではいけない。とにかく知らない単語は片っ端から辞書で調べる。そして、語彙学習を中心的な課業としているときには、調べた内容を単語帳に書き付ける。その要領を説明しておこう。

　たとえば、前掲の文中、先述のcontributeという単語を調べるとする。この単語を知らないようでは先行きが不安だが、単語帳への記載方法の一例とご理解いただきたい。辞書は自分の手持ちのものでかまわないが、たまたま私の手元にあるのは、私自身が執筆者の一人でもある『研究社新英和大辞典』第六版なので、これを使用する。

　この辞書（紙版）でcontributeを引くと、542頁の左段から中段にかけ、18行にわたってこの単語に関する記述がある。これを全部単語帳に書き付けるのは相

当に手間である。そこで重要な情報だけを選別して単語帳に書く。最初はどの情報を選別していいか悩むと思うが、語彙学習が進んでくれば、何をどう書けばいいかが分かるようになり、要領がよくなってくる。たとえば contribute だと、私なら次のように書く。

> contribute/kəntríbjʊt, -bju:t | kəntrɪbjù:t, kɔ́ntrɪbjù:t/vt. 1 ... 2〈記事などを〉寄稿する：〜an article to a magazine—vi. 1 ... 2〔新聞・雑誌などに〕寄稿する、投稿する〔to〕:〜to a newspaper

　まずは見出し語を書いて、次に発音記号を記す。発音は重要なので、私は辞書の記載のとおり書き記す。途中に縦線があるが、『新英和大辞典』では、英米で発音が異なる場合、米音と英音を縦線の前後に分けて記してある。それぞれで2種類の違った（標準）発音があるようだ。

　また、記号の一つ一つがどのような音を表わすのかは、あらかじめ勉強しておいてほしい。辞書の凡例にも説明があるが、音素記号を実際の口の動きと音声で確認したい場合には、私が放送大学と共同で製作したインターネット教材があるので（「英語の発音教室」URL：http://www.campus.ouj.ac.jp/~gaikokugo/pronounce/ ；

2017年2月の段階でまだウェブ上で閲覧できる)、これも参考になるかと思う。

　発音記号の次に品詞を書く。vt. の v は verb、t は transitive の略で、目的語を取る「他動詞」の意だ。あとに出てくる vi.（intransitive verb）は「自動詞」。辞書によっては、それぞれ「他」、「自」などと表記しているものもある。

　品詞の次に語義を書く。ただし、上記辞書が他動詞 contribute の第一の語義として挙げているのは、「1a〈意見・助言などを〉与える；寄与する、貢献する、ささげる……b 寄付する」だが、これはどうも先の英文の文脈に合致しないので、記載を省略してもいいだろう。次に出てくるのが、文脈に合致する「〈記事などを〉寄稿する」という語義。できれば用例も書いておこう。ニョロニョロ線のところには、この辞書の約束事として、見出し語たる contribute が入る。contribute an article to a magazine には「雑誌に執筆する」の訳も付されているが、これがなくても意味は分かるので、記載は省略する。

　ここまでで原文の理解に必要な情報を書き記したことになるが、せっかくだから、語義的に先の他動詞に対応する自動詞の情報も書き留めておこう。それが「2〔新聞・雑誌などに〕寄稿する、投稿する〔to〕：〜

to a newspaper」である。こちらは自動詞だから、目的語を取らずに contribute to... で「〜に寄稿／投稿する」の意味になるというわけだ。とりあえず、ここまでを書いておく。なお、紙の辞書を引けば、上記の作業中、contribute の前後にある contributable、contribution、contributive、contributor、contributory などの派生語が目に入る。この視覚情報ものちのち生きてくる。

　最初は試行錯誤状態であっても、慣れてくるにつれ、自分の英語学習のためにどのような情報を単語帳に書き留めておくべきかが分かるようになる。そして、折に触れて帳面を繰り、内容を確認しながら、覚えた語彙項目には印をつけていくのがいいだろう。ただし、覚えたと思って印をつけても、英単語など片っ端から忘れていくものである。そうしたら、また先の作業を繰り返す。同じ単語を何度でも書く。覚えるまで何度でも書くのである。

　なお、市販の単語集でも語彙力を強化することはできるが、昨今の単語集は特定の試験の対策を目的として編集されたものが多く、かならずしも幅広い教養を身につけるための助けにはならない。とくに何かの試験を受ける予定もなければ、わざわざお金を払ってそのようなものを買うより、自分で単語帳をつくることをお勧めする。体を使ってそのような苦労をしたほう

が、より堅固な英語力が身につくというものだ。

†学習英文法ふたたび

それでは、構文解析の要領が分かったところで、本章冒頭の英文の後半部を教材としてまた文法学習に戻ろう。まずは英文の後半部を再掲する。

> Each week Fenton printed a short poem or extract from a poem, and wrote a commentary designed to throw light on both the text and some aspect of the art of poetry in general. Early in 1991 the literary editor of the newspaper, Blake Morrison, rang me up and asked if I would be interested in writing something similar about prose fiction when James Fenton had finished his stint.

まずは、冒頭部の Each week という2語のそれぞれの品詞と、文中におけるその2語ひとまとまりの機能はどのようなものだろうか。次の文を読む前にしばらく考えていただきたい。答え合わせをしておくと、each が形容詞、week が名詞、each week の2語ひとまとまりで「毎週（に）」という意味の副詞相当語句である。

次の Fenton が文の主語であることは容易に分かる

であろう。では、述部の構造はどうなっているだろうか。じつは、この文の述部は大きく二つの部分に分けられる。まずは、printed a short poem or extract from a poem（短い詩もしくは詩の一節を掲げた）の部分。ここでのextractは「抜粋、引用文／句」の意の名詞。名詞としての用法を知らなかった場合には、すぐに単語帳に記入する。

　それから、述部後半は、and（接続詞）のあとに来るwrote a commentary designed to throw light on both the text and some aspect of the art of poetry in generalの部分。主語はもちろん先のFentonだ。それで、述語動詞はwroteでその目的語がa commentary（注釈）である。そのあとのdesigned to throw light on both the text and some aspect of the art of poetry in generalは、この目的語に対する後置修飾であり、どのようなcommentaryであるかが説明される。designは、同種の後置修飾においてよく用いられる語なので、少し詳しく説明しておこう。

　まず、ここでのdesignは、design＋目的語＋to...で「（〜が…することを）企図する」の意。He designed his new theory to elucidate the nature of the universeなら「彼は、自分の新説が宇宙の本質を解明することを企図した（＝新説で宇宙の本質を解明しようとした）」という

意味になる。これを受け身にすると、His new theory was designed (by him) to elucidate the nature of the universe（彼の新説は、宇宙の本質を解明するためのものであった）となり、the new theory (which is) designed to elucidate the nature of the universe なら「宇宙の本質を解明するための新説」という句になる。ここでの designed は過去分詞であり、ある名詞がどのような意図で成立したか、どのような目的で作られたかを後置修飾で説明する際、この過去分詞の designed が結構用いられる。

　さて、原文の designed to throw light on both the text and some aspect of the art of poetry in general も基本的に同じ形をしている。「〜を意図した」という意味で、直前の a commentary にかかる。それで何を意図して書かれた注釈かというと、throw light on...、すなわち「…を解明する」ための注釈ということになる。先の例文では elucidate という単語（これも、知らなければ単語帳に書き記すべし）を用いたが、throw light on の3語ひとまとまりでその類義語と考えればいいだろう。

　では、何を解明しようとするだろうか。ここでは、both A and B（AとBの両方）という句を思い出してほしい。すなわち、一つ目は the text、すなわちフェントンが注釈の対象として掲げている詩文そのもの、も

う一つは具体的な詩文ではなく、some aspect of the art of poetry in general（詩の技巧一般のある側面）である。aspect が単数なので、ここでの some は「いくつかの」ではなく「何らかの、ある」の意であることに注意。また、in general が名詞（句）のあとについて「一般の」の意味になることも確認しておいてほしい。知らなかった場合には、辞書で調べて、その記載内容を単語帳に書き記すこと。

それでは、ここで分析した文の構造を分かりやすく図示しておこう。

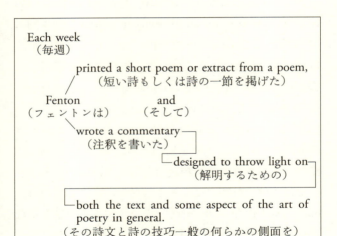

それでは、原文3文目の分析に入ろう。今回もまず冒頭の Early in 1991 の品詞分析をしていただきたい。正解は、Early が副詞、in が前置詞、1991 が名詞である。そして、3語ひとまとまりで、1文目、2文目の出だしと同じく副詞相当語句となっている。

　文の主語はどれだろうか。正解は、the literary editor of the newspaper, Blake Morrison で、これも1文目同様、職業と名前が同格で結びついている。「この新聞の文芸欄編集者ブレイク・モリソン」の意だ。さて、この主語に対する述語動詞はいくつあるだろうか。正解は二つ。rang（動詞 ring の過去形）と asked である。そして、またしても原文2文目と同様、この二つの述語動詞を軸として述部が二つに分かれる。一つ目は rang me up、二つ目は asked if I would be interested in writing something similar about prose fiction when James Fenton had finished his stint で、この二つの部分が and でつながれている。

　最初の rang me up は「私に電話をしてきた」ということ。電話をするのに ring（up）という語（句）を使うのがイギリス式。アメリカ英語では call（up）を使うことが多い。

　次の asked 以下が少し厄介だ。この構造はどうなっているだろうか。まず、asked は「尋ねた、聞いた」

の意であることは容易に分かるだろう。電話をしてきて、ロッジにこう尋ねたということである。

　それで、何を尋ねたかが、その内容が接続詞 if（〜かどうか）に導かれた節（clause）に書かれている。すなわち、I would be interested in writing something similar about prose fiction、直訳すれば「小説について（フェントンが詩について書いたことと）同様の何かを書くことに興味はないかどうか」、すなわち「小説について同じような記事を連載してくれないか」と聞いてきたということである。それで、いつそれを書くのかというと、when James Fenton had finished his stint（ジェイムズ・フェントンが仕事［＝連載］を終えたときに）となる。最後のところに had finished という過去完了形が現われるが、これは実際には過去のことではなく、未来に完了するときのことを表現している。おそらく、実際には電話口で、'I'm wondering if you would be interested in writing something similar about prose fiction when James Fenton has finished his stint'（ジェイムズ・フェントンが連載を終えたら、小説について同じような記事を書いてくれないか）というようなことを言われたのであろう。第１章で解説した、丁寧に何かを依頼するときの I'm［I was］wondering if... の表現を確認してほしい。

後半部に現われる has finished は、本来は未来の完了についてのことを表現しているのだが、接続詞の when に導かれる副詞節のなかでは基本的に未来のことを表わす will は使わないので、現在完了形になっている。それで、この電話口の問いかけが間接話法で表現され、過去形の asked の目的節の中にまとめられているから、時制の一致によって had finished となっているのである。最後の stint は見慣れない単語かもしれない。辞書で調べて、単語帳に記しておくこと。

解説　節（clause）と句（phrase）

　あるまとまった文法的な機能を有する語の集まりで、主語と述語の関係（S＋V構造）を持つものを「節」、その構造を持たないものを「句」と言う。たとえば、前の囲み解説中の at once は、ひとまとまりで「すぐに」の意味をもつものの、そこに主語と述語動詞がないので「句」、as soon as we can は、as soon as we can start working の省略形と考えられ、ここには主語 we ＋述語動詞 start という S＋V構造があるので「節」ということにな

> る。

　ここで本章冒頭の引用文に対する拙訳を掲げておくので、全体の内容を確認してほしい。

> 　1990年から91年までの1年間、詩人ジェイムズ・フェントンは『インディペンデント』紙の日曜版の文芸欄に、ローマの詩人ホラティウスの有名な詩論に因んだ「詩の技巧（アルス・ポエティカ）」という題で文章を連載した。毎週詩の一部や短い詩が引用され、そのテクストの構造と同時に、詩一般のある特定の側面が分析、解明されるという内容のものであった。1991年のはじめごろ、同紙の文芸欄編集者ブレイク・モリソンから電話があり、ジェイムズ・フェントンの連載が終わったら、小説について同様のものを書いてもらえないかとの依頼を受けた。

　たった3文でも、色々な読解の勉強ができることが分かるであろう。このような精読ができるようになれば、あとはいちいち細かいところにこだわらずにどんどん読み進めていけばいい。分厚い洋書を読み進める

のが難しければ、原著をやさしい英語で書き直した graded readers（学習段階に応じて語彙レベルを制限・調整してある読本）を用いて速読の練習をするのもいいだろう。ただし、時々は本章で試したような精読をかならず行ない、読解の精度を確認すること。

　本章の文法解析の部分を難しいと感じた読者は、手持ちの英文法書で分からない文法項目（品詞、主語、述語、補語、5文型、句、節、話法、現在／過去／未来完了、時制の一致など）を確認し、改めて本章を読んでほしい。

◆発展問題

　次の英文は、東京大学教養学部の1年生用に編集された統一教材 *On Campus*（東京大学出版会、2006年）に収められた私のエッセイである。この英文に関し、以下の問いに答えなさい。

問1　本文を一読し（制限時間は10分）、全体の要旨を80〜100字の日本語で記しなさい。

問2　本文中に登場するボビー・フィッシャーとパブロ・ピカソは、どのような人間の例として挙げられているかを答えなさい。

問3　下線が施されている文の意味と構文を説明しなさい。
（解答は、184頁）

　In his introduction to *The Games of Robert J. Fischer* Harry Golombek, the English chess player and author, describes the collection of games recorded in the book as a demonstration of 'the unique quality of Bobby Fischer as a player'. Bobby Fischer is a legendary American chess player who became world champion in 1972 but then mysteriously withdrew from serious play soon after, rejecting all the conditions for another championship game and consequently relinquishing his title by default.

But what kind of 'unique quality' of a chess player can a collection of printed games demonstrate? Does this collection of Fischer's games convey to us how uniquely this grandmaster behaved—or misbehaved even—during the World Championship at Reykjavik? Is it a record of something uniquely different from conventional chess in terms of rules or strategy? Not at all. What the book contains is nothing other than a collection of the most beautifully played chess games; Fischer's 'unique quality' shows itself in the superhuman way he accurately combines a very limited number of appropriate moves, chosen from an astronomical number of possible ones, into a series of devastating attacks and stout defenses. In other words, his uniqueness manifests itself within the rigidly fixed code of chess. Golombek hastens to justify his use of the word 'unique' by stating:

> I am not saying that his play has been entirely uninfluenced by those that have gone before him. No player starts off from, as it were, a vacuum and every one of us, from the veriest tyro to the superlative grandmaster, is part of a continuous and unbroken chain in the development of chess throughout the ages.

Perhaps we can generalize a moral from this specific remark made about this particular maverick chess genius, one which should always be kept in mind in this age of individualism: you cannot come up with something truly 'unique' and 'original' without learning the basic rules of the activity you are to be involved in and becoming deeply immersed in its long-established traditions and conventions.

Another important point to make in this context is that uniqueness or originality is not a goal you should aspire to attain, but a quality which you unconsciously acquire as a result of, and in proportion to, the efforts you make to improve yourself in that activity. It is very much like a mischievous angel who quickly flies away the instant you ask for his help but comes down unnoticed to assist you when you are exerting yourself to accomplish something he approves of.

Pablo Picasso's early artistic career demonstrates how uniqueness and originality emerge as a result of long and arduous efforts made primarily within a pre-established framework of tradition and convention. We are so familiar with his cubist-style paintings that we tend to think that he was born with his God-given talent for looking at the world in that 'unique' way, but that is not the case. Picasso started out as a conventional representational painter in his early teens and, after going through a massive self-imposed course of training in rudimentary sketching, gradually moulded his own painting style. One of his closest friends testifies to the staggering fact that the piles of his discarded sketch sheets provided sufficient fuel for a stove all winter long. You may be able to become one of Picasso's obscure epigones simply by imitating his artistic style, but you can never become a Picasso if you skip the process he went though.

Individualism is one of the basic tenets of democracy, and the belief that individuals take priority over the aggregate they make up together—family, community, society, nation—has found its way into various codes of conduct at different levels of human relationships. People try to stand out as individuals and be 'uniquely' different from others. American TV programmes encourage you to 'be yourself'. But a casual attempt to be different from other people quite often ends up being just an eccentricity. We should always be mindful that we can only meaningfully behave 'like ourselves' within the whole system of human society, and therefore that we need to make strenuous efforts to learn that system in the first place.

コーヒー・ブレイク❸
疲労と空腹を救った教養？

　教養を身につけるための英語は、実用英語の対極にある。本文中でも論じたとおり、教養を身につけて何の役に立つのかとの問いは、それ自体が自家撞着だと言っていい。私自身、役に立つことを目指して英語を勉強してきたことはないし、教室で接する学生たちには、安直な実用性を求めないようにと指導することにしている。とはいえ、かつて一度だけ、ある切羽詰まった状況のなかで「品格」と「教養」を意識して英語を発し、はからずも実利を得たことがある。

　ご存知の方も多いと思うが、イギリスではどういう英語を話すかが重要な意味を持つことが多い。嘘みたいな本当の話としてよく聞くのは、採用試験の面接の際、訛りの強い応募者が不採用となった直後に標準英語を話す応募者が合格となったというもの。もはや英語は世界語だから、訛りや話し方の癖は関係ないと言ってみたところで、英語の発音や話し方で出自や教養を測られてしまうのだから仕方がない。こちらが外国人だからといって遠慮はしてくれない。友人の英語話者の真似をして話そうものなら、交友関係まで見抜かれる可能性がある。だから、イギリスでは出会い頭のやり取りにとても気をつかう。

さて、具体的な状況の説明をしよう。私は、30代で現在の大学に職を得てからも、ノッティンガム大学の博士課程の学生として博士論文を書いていた。博士課程の学生といっても、日本で働いているわけだから、フルタイムの学生ではない。パートタイムの学生として、1年に数週間だけイギリスに滞在して集中指導を受け、あとは日本で論文を書きつづけるのである。そして久々に渡英し、夕刻、大学に着いた。宿泊先としては寮の一室を借り、そこの食堂で寮生と同じように朝晩の食事を取らせてもらう手はずになっていた。

　訪れたことのある人ならご存知のとおり、ノッティンガム大学のユニヴァーシティ・パーク・キャンパスは大学の本拠地であり、大学が所有するいくつかのキャンパスのなかで一番大きなものである。南側には大きな池があり、起伏の激しい土地のなかに多くの建物が点在している。のどかな田園の風情だ。フルタイムの学生として勉強していたときにも通学や学内移動に苦労したが、大きなスーツケースを持ってキャンパスの外でバスを降りたときには、またこの坂道を上っていかなくてはならないかと気が遠くなった。ともかくとぼとぼと上り坂を歩いてようやく宿舎となる寮にたどり着いた。

　こちらは日本からやって来て疲れきっている。お腹もぺこぺこだ。食事を取ったらすぐに寝ようと大

食堂に行ったら、どうも様子がおかしい。食堂が締め切られていて、フォーマル・ディナーの日である旨の案内が出ている。イギリスの多くの大学では、学期の節目節目にこのフォーマル・ディナーというものが開催され、ガウンを着た教授陣と寮生が一堂に会して食事を取るのである。なんと、運悪くその日に当たってしまったのだ。さて困った。これからまた坂を下ってキャンパスの外のレストランを探していては、何時に帰ってこられるかわからない。そもそも帰り着けるかどうかもわからない。そのくらいに疲れきっていた。ディケンズの小説に出てくる不幸な登場人物の気分だ。

とにかく食堂の係の人と交渉してみることにした。問題はどう名乗るか。くだけた英語でパートタイムの博士課程の学生だなどと名乗ろうものなら、他所へ行けとはねつけられてしまいそうである。そこで考えた。はるばる日本からやって来た学者であることを品よく説明すれば、助けてもらえるのではないか。けっして嘘をつくわけではない。

そこで、係の人のところに寄っていき、私の口から出るかぎりの格調高いイギリス英語で、'Excuse me, I'm Professor Saito from the University of Tokyo...' と名乗り、フォーマル・ディナーの日であることを知らずに来てしまった、ここで食事をさせてもらえないだろうかと頼んでみた。すると、あちらも急に

かしこまった態度になり、事態を理解したうえで、'I'll manage to get you a portion'（何とかお一人分ご用意します）というようなことを言ってくれた。そして、一人分の食事代金を払ったうえで、小さな部屋でフォーマル・ディナーのおこぼれに与(あず)かった。あのときほどきちんとした英語を身につけておいてよかったと思ったことはない。

第 4 章
聴き取る
聴解学習

† 「聴き取れない」ということ

 英語が聴き取れないとは、いったいどういうことだろうか。物理的に音が小さい場合には音量が上がる方策を、雑音が多い場合には、それを排除する方策を考えればいい。だが、ことはそれほど単純ではない。英語が聴き取れないという場合、そこにはいくつもの原因が複雑に絡み合っていることが多い。

 たとえば、英語の音の最小単位である音素（phoneme）や連結した音が認識できない場合がある。longと言ったのかwrongと言ったのか、seatと言ったのかsheetと言ったのか、あるいはbutと言ったのかbatと言ったのかが聞き分けられない、あるいは早口で発せられたLet it goが意味不明の「レリゴー」にしか聞こえない、というような場合がこれに当たる。

 あるいは、そもそも発せられている単語や慣用表現の意味を知らない、あるいは構文が認識できない可能性もある。たとえば、日本人にはあまり馴染みのない慣用句として、for what it is ［= it's］ worthがある。「（真偽のほどはわからないし、どれくらい役に立つかはわからないけど）とりあえず言っておけば」というような意味である。実際に会話で用いられる場合には音としても聴き取りづらいし、たとえそれぞれの単語が

聴き取れたところで、意味が分からなければそこで聴解が阻害されてしまう。

さらに、言葉を発する際の前提や文脈が分からないために個別の語句が聴き取れない可能性もある。母語話者であれば、慣例的にどういうときにどんなことを言うかが分かり、たとえ曖昧な音であったとしても、文脈的にこの単語だろうという類推を働かせることができる。

あるいは、本気で聞き取るべき箇所と聞き流してもいい箇所が文脈的に分かる。先の for what it is worth などは、本質的な意味を担っている句ではないため、その出だしが発音されたところで無意識に耳を省エネモードに切り替えている。また、本書の主題である教養的な内容の英語を聴き取る場合、この主題なら次にこの話題が出てくるはずだ、というような類推も助けになる。

またしても英語教育「学」で用いられる不毛な二項対立の図式によれば、音や語彙・文法の構成から意味を解読するとき、脳はボトムアップ処理（bottom-up processing）を行ない、こういう文脈ではこういうことを言っているはずだ、という類推から逆に個々の音や語を割り出すとき、トップダウン処理（top-down processing）を行なっているのだそうだ。そんな理屈を聞

かされたところで、聴解が上達するはずもなく、実際にはいろいろな訓練を行なう必要がある。

ついでに言っておけば、英語教育を論じる際に帰納（induction）と演繹（deduction）の二項対立もよく用いられる。とくにいままでの日本の英語教育においては、最初に文法の法則性などを教えて個々の用法を演繹的に学んできたのがまずかった、個々の実用的な用例から帰納的に法則性を感得するのが大事である、というような発想に基づき、文法の規則を教えず、コミュニケーションを通じての「気づき」を促すような教え方が流行している。

私に言わせれば、本来いろいろなやり方で英語を学ばなくてはいけないのに、それを西洋的な二項対立で便宜的に分類して、こっちがいい、こっちが悪いと論じているうちは、日本の英語教育はいつまで経っても改善しない。文法・訳読も口頭でのコミュニケーションも、どちらもバランスよく学ばなくてはいけないのである。何も教えずに「気づき」など起ころうはずもない。

聴解の話に戻ろう。ボトムアップ処理、トップダウン処理、そのどちらに失敗しようが、英語が聴き取れなかった学習者にとってみれば、ともかく何が何だか分からないうちに音が流れていく。前のところに戻っ

て確認ができないところが書き言葉との違いである。したがって、まずはいろいろな訓練をする必要がある。そのうちに、自分にとって苦手な技術が分かってくる。

†英語の音に慣れる——発音の勉強、聞き流し

　発音学習の重要性については、前章でも指摘したとおりである。発音記号も早いうちに覚えておくこと。標準的な英語で用いられる音に対応する記号は50個程度、そのうち日本人が苦手な発音に対応するものはせいぜい10個程度である。英語を話す際はもちろんだが、耳をよくするためにも発音が重要であることはあらためて確認しておいてほしい。すなわち、音素の細かい違いが分かり、それが発音し分けられるようになると、英語の音を耳で聞いたときにも、それを繊細に聞き分けることができるようになるのである。

　その上で、聴解学習の第一歩は、できるだけ長く英語の音声に触れること。ただし、ほとんど聴き取れない音声をどれだけ長く聞いていても、それは単なる雑音に過ぎないので、できれば何となく分かる、あるいはすでに内容を確認している音声を流すのがいいだろう。本節で紹介するのは、とくに音声に合わせて特別な作業を行わない「聞き流し」なので、その条件に合う標準的な英語の音声であれば、とくに教材を選ぶ必

要はない。

　たとえば、本棚や押し入れを探せば、昔受験勉強用に買ったリスニング教材などが眠っているのではないか。それを引っ張り出して、部屋の片付けなど、とくに神経を集中して行なう必要のない作業をしているときに流しておく。そして、たまに片付けの手を休めて音声に耳を澄ませ、どのくらい聴き取れるか確認すればよい。ほかにもラジオ、テレビ、インターネットで英語放送を流して聞き流すのも一法である。英語音声を書き起こした資料がなくてもできる作業であり、それがあったとしてもいちいち自分が理解したものと突き合わせて確認する必要はない。

　ひとつ注意しておくと、日本の英語教育界で「英語をシャワーのように浴びる」という比喩がよく用いられることがある。とくに小学校の外国語活動における英語でのやり取りを推奨するために多用される。小学生のときから英語を「シャワーのように」浴びれば、自然と英語によるコミュニケーション能力が身につく、というわけだ。

　だが、これは二重、三重の意味で間違っている。英語の母語環境で育つ子どもと同じように、という理屈なら、そんな環境は日本で作りようもない。英語母語話者は、オギャーと生まれたときから四六時中正しい

英語（ここが大事）に触れて成長するのである。また、週に1時間程度英会話ごっこをやったところで正しい英語が身につくどころか、「教室ピジン」（教室の中だけで通用する破調の英語［らしき言語］）を操る癖がついてしまう危険性も考えると、早いうちからいい加減な英語でやり取りする活動には賛成できない。「門前の小僧習わぬ経を読む」のたとえは、山内で常に正しい読経（どきょう）がなされていることが前提となっている。

そもそも「シャワー」とはいったいどのようなイメージに基づく比喩なのか。何かを浴びればそのものになりきれるというのか。民謡を「シャワーのように」浴びれば民謡の名人になるのか。ほかの技芸でこの比喩をあまり聞かないことを考えると、なんとも怪しいイメージだと言わざるを得ない。本節で推奨しているのはそのような活動ではなく、あくまで正しい英語の音声を流し、それに慣れる学習である。

ついでに言っておくと、同じ聞き流すにしても、イギリス英語がいいか、アメリカ英語がいいか、あるいはほかの英語がいいかと悩む読者がいるかもしれないが、これについては当面気にする必要はない。自分が書いたり話したりするときの英語については、それぞれの好みに応じて選んでもらうことになるが、聴解を中心に勉強する場合には、標準的な英語でありさえす

れば、多様な英語に対応できるように訓練しておいたほうがよい。

†書き取り（ディクテーション）と速読

　伝統的な聴解学習においてもっとも重視されてきたのは、書き取り（dictation）という作業であろう。英語の音声を聴き、それを文字に書き起こしていく。これはこれで有効な勉強である。

　書き取り練習をするには、音声を正確に書き起こした資料が必要となる。自分が書き起こしたものとそれを突き合わせ、どこが合っていてどこが間違っていたか、あるいはどの部分が聴き取れなかったかを確認する。これを何度もくり返す。できれば、答え合わせをしたのち、正しい英文を音読し、その内容を理解した上でまた音声を聴くとよい。

　英語学習においては、とにかくいろいろな形で英語を体に練り込んでいくことが大事なので、ディクテーションも大いに実践してほしいけれども、私が思うに、この作業が長らく実践されてきたのは、その学習法よりも試験法としての有効性によるものだろう。なぜわざわざそのようなことを指摘するかというと、聴き取り練習というとすぐにディクテーションが思い浮かぶため、ほかにも有効な学習法があることが盲点になっ

ている可能性があるからである。私としては、聴解が得意になりたい学習者は、むしろ次に述べる速読練習、さらにはその延長線上にある字幕速読練習にもっと力を入れてほしいと思う。

　さて、その速読だが、基本的には普通の読解教材を速読するのと同じ要領で行なえばよい。ただ、少し違うのは、込み入った文語体で書かれた文章よりも口語体で書かれている文章、あるいは音声を書き起こした英文をすばやく読む練習をすること、またできるだけ返り読みをせず、音声を処理するのと同じくらいの速度で読み進めるのである。

　これは私自身が昔から行なっていた学習法ではあるが、私が所属する大学院に提出された１本の博士論文（小山、2012）を読み、この学習法の優秀性を再確認した。その博士論文によると、速読の際の情報処理能力は聴覚情報の処理能力に転移するらしい。この考え方に基づいて、次の練習の説明に入ろう。

†何が聴き取れないのか

　まずこの練習の理屈を理解してもらうために、ある物語の冒頭に現われる次の１文を読んでいただきたい。制限時間は 10 秒。

> Whether I shall turn out to be the hero of my own life, or whether that station will be held by anybody else, this story must show.

　さて、10秒でどこまで理解できただろうか。じつを言うと、この英文は、イギリスの文豪チャールズ・ディケンズの名作『デイヴィッド・コパフィールド』(Charles Dickens, *David Copperfield*, 1849-50) のドラマ版 (BBC, 1999) の冒頭で語り手（大人になったデイヴィッド）が発するものである。原作では、この最後の部分が these pages must show となっているのだが、テレビ・ドラマ化に合わせて these pages を this story に変えたものであろう。ちなみに、このドラマの中で幼少時のデイヴィッドを演じているのが、映画のハリー・ポッター・シリーズで主役を務めたダニエル・ラドクリフだ。ドラマは DVD 化されており、日本でも入手可能である。

　先の英文に戻ろう。ドラマの冒頭では、この文が、きわめてゆったりとした声で、9秒で発せられる。ということは、先の文を目で見て10秒で理解できないのに、それを何の手掛りもない音声として9秒で発せられたときに理解できるはずがない。つまり、その場合、英語が聴き取れないのは、聴き取り能力の問題で

はなく、英文読解能力の問題ということになる。

　逆に、英文を目で見れば一瞬で理解するのに、それが音声だけのナレーションになったとたんに聴き取れないということであれば、知っている単語の発音を聞き違えたか、音がつながってしまって単語の切れ目がわからなかったか、ここではじめて耳の問題になってくる。すなわち、音声と同時にその内容が字面で確認できれば、聴解に失敗した場合でも、どこでつまずいているのかを絞り込むことができる。そして、多くの場合、つまずきの原因は、音声処理の失敗というよりも、語彙や文法の知識不足である。

　ちなみに、先の英文を分析しておこう。二つのwhetherは、いずれも「〜かどうか」の意の接続詞。最初のwhetherに導かれた節の中のturn out to＋動詞の原形は、「（結局）〜となることが判明する」の意味だから、最初の節を直訳すると、「私が私自身の人生の主人公であることが判明するのかどうか」となる。二つ目のwhether節中に出てくるstationを聴き取って「駅」を思い浮かべてしまったら、その段階で聴解は失敗だ。ここでは「立場、身分」の意だから、その節を訳すと、「その（主人公という）立場をほかの誰かが占めることになるのかどうか」となる。

　そして、その二つの目的節を受けるのが、最後に出

てくる主節の this story must show（この物語が示してくれるはずである）である。したがって、全体としては、「私が私自身の人生の主人公ということになるのか、あるいはその立場をほかの誰かが占めることになるのかは、これから語る物語が示してくれるはずである」という意味になる。

これに続くナレーションの部分には、posthumous という単語が現われる。これを知らなければ、やはりあたふたしているうちに音はどんどん流れていってしまう。単語の意味としては、「父親の死後生まれた、死後出版の、死後生じた」ということで、原文では語り手たるデイヴィッドが posthumous child「父親が死んだあとで生まれた子ども」であることを伝えるために用いられているのだが、この単語を知らなかった読者は、さっそく辞書で意味を確認して単語帳に書き留めておいてほしい。この機会に posthumous works（遺作）、posthumous publication（死後出版）といった表現も覚えておくといいだろう。

とはいえ、英語母語話者はいちいち自分がすべての単語を知っていることを確認しながら前記のナレーションを聴くわけではない。少なくとも、教養あるイギリス人であれば、『デイヴィッド・コパフィールド』のドラマの冒頭で 'Whether I...' というナレーションが

流れてくれば、ああ、原作に忠実な演出だな、と思うはずだ。すなわち、この冒頭部は、『高慢と偏見』の 'It is a truth universally acknowledged that...' 同様、教養あるイギリス人なら誰でも知っているものなのである。日本に置き換えてみれば、川端康成の『雪国』が新たにドラマ化され、「国境の……」というナレーションが始まるようなものだ。ほとんどの（少なくとも教養のある）日本人なら、次にどう続くかは分かっている。

　もちろん、そういう視聴の仕方ができるようになるには、ある程度の訓練が必要となる。まずは、教養そのものを身につけるべく、文学をはじめとする教養的な内容の書物を多く読むこと、それから聴解に特化した練習としては、あとで解説する字幕速読練習が効果的である。

†全体を聴くか、細部を聴くか

　先のボトムアップ処理とトップダウン処理の二項対立にも絡むけれども、英語の聴き取りの場合、細部の聴き取りと全体の理解との関連が問題になることが多い。さらには、聴き取りばかりでなく、これは読解についても言えることで、細部を細かく読むのがいいのか、全体の意味を大きくとるのがいいのかとの議論がなされる。そして、現在の日本の英語教育においては、

読解でも聴解でも、いままで細部にこだわって指導や学習がなされていたのが間違いで、全体の意味を取るような指導・学習が重要である、という結論になることが多い。だが、これはあまり意味のある議論とは言えない。

改めて聴解に特化した話をすると、英語を聴くときに単語を全部聴き取ろうとするから意味が取れないので、全体を聞き流しておいて、重要な部分だけを聞けばいい、などと指導する英語教師がいるが、これはまったく本末転倒の指導である。最初から「重要な部分」が分かるくらいなら、とっくに意味は取れているのであり、どこが重要か分からないから個々の単語を聴き取ろうとしてあたふたしてしまうのである。

またしても将棋の話で恐縮だが、強い棋士になればなるほど、あまり多くの手を読まないのだそうだ。盤面を大局的に見て、直感的にひらめいた候補手だけを深く掘り下げていく。ただし、それができるようになるには、たゆまぬ稽古と数多くの対局を経験しなければならない。

この流れで妙な特技自慢をさせていただきたい。私は若いとき、特段練習したわけでもないのにモグラ叩きゲームが得意で、ゲームセンターでその日の最高得点を出すのは当たり前、英米留学中も遊園地でのモグ

ラ叩きの競技に何度か参加したことがあるが、すべて1位で、そのつど賞品のぬいぐるみをもらった。あるとき、役者の三宅裕司氏がやはりモグラ叩きが得意だと自慢をしているのを聞いた。そこで気づいたことがある。三宅氏と私には共通点がある。若いときからドラムを趣味としていることだ。もしかしたら、プロのドラマーは私よりもはるかにモグラ叩きがうまいかもしれない。

　モグラ叩きとドラミングには、単に叩くということ以外にも共通する技術が用いられる。叩くべき対象物全体をぼんやりと視界に収め、必要なときだけ叩くべき部分を的確に叩く。モグラ叩きのとき、出てきた個々のモグラを見ていたのでは、そこに気を取られてほかのモグラを逃してしまう。全体を見て、目の端でモグラが動くのを察知したら、そこにさっとハンマーを持っていくのである。この感じがドラミングにおける撥さばきにとても似ている。

　さらに敷衍して言えば、これは多くの、もしかしたらすべての技芸について言えることなのではないかと思う。上達すればするほど、肩の力を抜いて全体をゆったりと見渡しつつ、肝腎のところはきっちりと決めることができるようになる。

　したがって、細かいところにこだわらずに全体を見

る、全体を聴くのが大事というアドバイス自体は間違ってはいないのだが、それはそのような見方、聴き方ができるようになった人の言い分であって、それができない人にとっては何のことか分かろうはずもない。

　もちろん、上達したら結果的にそのような感覚が身につくことを指摘して、そのイメージに向かって稽古を促すのはいいことである。だが、最初から細かいところにこだわるなと指導したのでは、学習者はいつまで経っても何も分からないままになってしまう。最初はとにかく何でもかんでも試し、何でもかんでも調べてみるのがいい。そこに多少の無駄があったとしても、そのような無駄がのちのち生きてくることも少なくない。

†英語字幕速読練習

　それでは、聴解の訓練法として私が現在もっとも効果的と考える英語字幕速読練習を紹介しよう。といっても、特段のコツがあるわけではない。教養的な英語放送の内容を収めたDVDやBlu-rayディスクを用意し、英語字幕を出す設定にして、字幕を読みながらそれを視聴すればよい。

　そして、知らない単語や表現が出てくるたびに映像を一時停止にして辞書を引く。それがあまりに多くて

視聴の妨げになる場合には、どうしても分からない語句だけを調べてもいい。そのようにして、音声と同じ速度で字幕を読んでそのまま理解できるようになるまで練習を積むのである。

慣れてくると、音声よりも早く視覚情報の処理ができるようになるので、まず字幕をさっと読んで内容を理解した上で音声を確認してもよい。もちろん、最終的には字幕なしでも聴き取れるようになることが目標である。

どのような教材を選ぶかが問題だが、一番いいのは、自分にとって興味のある内容のものである。映画でもドラマでも、あるいはドキュメンタリーでもいい。音声に関しても、聞いていて心地よいと思える英語の流れているものを選んでほしい。

私の好みを押し付けるつもりはないが、何も思いつかない読者には、名作文学作品を映画／ドラマ化したものをお勧めしたい。デイヴィッド・ロッジの *The Art of Fiction* を読めば、多くの文学作品が引用されているので、それを参考にして作品を選んでもいいだろう。

詳しく分析されている作品だけを見ても、Jane Austen, *Emma*（1816）、Charles Dickens, *Oliver Twist*（1837-8）、E. M. Forster, *Howards End*（1910）、William Golding, *Lord of the Flies*（1954）、John Fowles, *The French Lieuten-*

ant's Woman（1969）、Kazuo Ishiguro, *The Remains of the Day*（1989）をはじめ、我々にも入手しやすい形で映画／ドラマ版が販売されているものが多い。そのいくつかを字幕を出しながら視聴するとよい。理想を言えば、原作を読んでから視聴すれば、さらに効果的だ。

DVD化されているドキュメンタリー映画の中にも教養的な内容のものは多い。たとえば、アル・ゴア元アメリカ副大統領主演の『不都合な真実』（*An Inconvenient Truth*, 2006）は、地球温暖化問題に関するゴア氏の啓発活動の一環として製作されたもので、79回アカデミー賞の長編ドキュメンタリー映画賞とアカデミー歌曲賞を受賞した映画である。科学的に見てどれだけ妥当な議論がなされているのかは判断しかねるが、環境問題、とくに地球温暖化問題を語るときに必要な語彙がふんだんに出てくるだけでなく、何らかの問題を指摘して人を説得するときの論理的な語り方の一つの手本が示されている。これまた欲を言えば、新聞や雑誌の記事でもいいから、温暖化問題に関する何らかの英文を読み、ある程度の予備知識を持って視聴するとよい。

†読解学習とインターネット動画の視聴

この訓練の延長線上に、字幕の出ない英語音声のイ

ンターネット動画の視聴がある。ただし、インターネット上の動画は玉石混淆なので選別の必要がある。できれば、英語圏の主要放送局、大学、学会など、製作母体がしっかりしている動画がいいだろう。BBCのように、あるまとまった番組のPodcast配信を行なっている放送局もあり、それをスマートフォンなどで視聴することもできる。そして、その動画を視聴する前に、その内容に関連する英文を読んでおくのがこの学習法のミソである。

　ここでも質のいい英語をたくさん読むことの重要性をあらためて確認してほしい。ただ小器用に英語でコミュニケーションを図るための方策を教えろというなら、それなりのアドバイスは可能である。たとえば、短期でもいいから留学するのが手っ取り早い。あるいは、国内にいても、英語話者と友だちになって、ひたすら度胸一つでしゃべりまくればいい。だが、教養ある英語の使い手となるためには、英語使用におけるどの技術を伸ばすにしても、とにかく読解が一番の基本となることをしっかりと理解しておく必要がある。

　動画視聴学習に戻って、教材となり得る動画を紹介しておく。もっとも、内容的にはかなり高度なものであり、これが理解できるくらいなら本書で述べるような学習はもはや必要ないともいえる。学習の到達点を

イメージするための素材としてご覧いただくのがいいだろう。

　素材としては、けっして新しいものではない。1986年にスコットランドのストラスクライド大学で開かれた、'The Linguistics of Writing' と題する言語・文学研究の大きな学会の様子を収めたもので、その一部はドキュメンタリー番組（'Big Words, Small Worlds'）として編集され、かつてイギリスのチャンネル4で放送された。イギリスの文芸批評家レイモンド・ウィリアムズがそこに参加していたことから、私の友人で番組製作者の一人であるミドルセックス大学のアラン・デュラント教授をはじめ、ウィリアムズの影響を受けた学者たちがその業績を引き継ぐために立ち上げたKeywords Projectの一環として再編集してインターネット上に載せたものである（URL: http://keywords.pitt.edu/videos.html）。

　内容的には、言語と文学とのかかわり合いに関するさまざまな問題を学術的に議論しているのだが、何と言っても参加者の顔ぶれが豪華である。まずは先述のレイモンド・ウィリアムズ。それから、すでに何度も名前を挙げているデイヴィッド・ロッジ。彼は講演者としても参加しているが、上記の番組の語り手も務めているので、*The Art of Fiction* の著者がどのような英語

を話すのかを確認することができる。

　また、脱構築主義（deconstructionism）の生みの親たるフランスの哲学者ジャック・デリダも参加者の一人である。強いフランス語訛りの英語で講演しているのだが、質疑応答の際に言葉に詰まってしまい、「フランス語で話していいか？」（Could I speak French?）と弱気な言葉を吐く場面があって面白い。あれだけ強気の哲学者が言語の力学によって窮地に追い込まれてしまうところが示唆的である。

　スタンリー・フィッシュ、メアリー・ルイーズ・プラット、H・G・ウィドウソン、M・A・K・ハリデイといった著名な学者の顔も見える。学会の参加者としてではないが、フレデリック・ジェイムソン、テリー・イーグルトン、エドワード・サイードといった高名な批評家、さらには映画監督のジャン＝リュック・ゴダールまでが番組用のインタビューに答える形で画面に登場する。

　それでは、このような資料映像を理解するためには、どのような読解学習が効果的だろうか。じつを言えば、上記の学会の記録をまとめた Nigel Fabb, Derek Attridge, Alan Durant and Colin MacCabe eds., *The Linguistics of Writing: Arguments between language and literature*（New York: Methuen Inc., 1987）という本がある。これが入手

できて内容が理解できればいいのだが、現在入手が困難であり、また内容もかなり専門的である。したがって、まずは内容的に重なる部分もあるロッジの *The Art of Fiction* を（できれば何度か）読み、あらためて映像を視聴することをお勧めする。

コーヒー・ブレイク❹
多芸多趣味という教養の形

　昔から納得のいかないことがある。いろいろなことを知っている人は教養のある人として評価されるのに、いろいろなことが出来る人は器用貧乏としてさげすまれる。日本ではとくにそうだ。家元制度や世襲制度の伝統のゆえか、一芸熟達や職人芸を妙にあがめる。みんながスペシャリストになりたがる。昨今は、何とかソムリエだ、何とかコンシェルジュだ、何とかマイスターだと、へんちくりんなカタカナの肩書きがついた「専門家」が増える一方で、ジェネラリストは見向きもされない。オリンピック陸上の十種競技の優勝者は、西洋では World's Greatest Athlete と讃えられるのに、日本では 100 メートル走が速いほうが圧倒的に偉い。高倉健は大好きだが、健さんに「不器用さ」を求める日本人の職人信仰は嫌いだ。

　なんでこんなことを愚痴っぽく書くかというと、私自身、昔から器用だ、多芸だと評されて嫌な思いをしてきたからである。日本で器用、多芸は褒め言葉ではない。けっして本業をおろそかにしているわけではないのに、少しばかり趣味が多いというだけで、本気で仕事に取り組んでいないかのような言われ方をする。学生時代にロックバンドでドラムを叩

いていたと話したところ、冗談めかした言い方だったとはいえ、上司の先生に「以前から胡散臭いと思っていたが、やっぱりそうか」と言われた。器用、多芸という評言があまりに不愉快なので、最近人前ではほとんどの余技を封印している。

　いろいろなことに手を出しすぎて腰が据わらないのはまずいが、本業さえしっかりこなしていれば、芸や趣味など多いに越したことはない。私に言わせれば、多芸多趣味は教養のうちである。いろいろなことを知っている教養があるなら、いろいろなことができる教養があったっていいではないか。逆に、一つの技芸習得のコツがまったく違う技芸に活きることが大いにある。私が割り出した上達の法則をいくつか紹介しよう。英語学習にも完全に当てはまる。

　多くの技芸習得に共通するコツは、まず最初にできるだけいい手本を見て真似をすること。書道であれば、最初は王羲之（おうぎし）の『蘭亭序（らんていじょ）』、欧陽詢（おうようじゅん）の『九成宮醴泉銘（きゅうせいきゅうれいせんめい）』、褚遂良（ちょすいりょう）の『雁塔聖教序（がんとうしょうぎょうじょ）』といった名筆を鑑賞し、臨書する。将棋であれば、プロ棋士の棋譜を並べ（プロ棋士が指した手の記録を自分の盤駒で再現するということ）、どうしてそのような指し方になるのかを考えながら鑑賞する。芸術活動において名作、名曲を鑑賞することの重要性は、あらためて指摘するまでもないだろう。

　また、さまざまな技芸の指導者がよく言うことは、

肩の力を抜く、ということ。肩の力が抜ければ、呼吸もゆったりとして精神的にもゆとりができ、身体を自由に操ることができる。楽器の演奏では、肩が自由に動くようになればぐっと上達が早まるらしい。ピアノの上手な人の肩の動きはとても柔らかい。ドラムの演奏でも、ハイハット・シンバルの叩き方で上手下手が瞬時に分かる。上手な人だと、肩を柔らかく用いて、ダウンストロークとアップストロークを自在に使って（と言っても分からんか）小刻みにハイハットを叩くことができる。肩に力を入れて、浅くて速い呼吸でやるのがいい、などという技芸があるなら見てみたいものだ。

　それから、技芸の習得がうまくいっているという図像を思い浮かべることも大事である。スポーツなどでは「イメージ・トレーニング」と呼ばれる練習だが、私の合気道の師匠である多田宏師範によれば、日本の武道においては「連想行（れんそうぎょう）」としてはるかに昔から実践されていたのだそうだ。もちろん、我々の道場の稽古ではかならずその連想行の時間がある。自分が一番上手に技を行なっているところを思い描くのである。

　このように、多くの技芸の上達法には共通する法則がある。こういう法則は、できるだけ早いうちに感覚として体にしみ込ませてしまったほうがよい。たとえば、ここまでに述べたコツなどは小学校で教

えたらどうか。どうも初等・中等の教育現場を見ると、教科別の知識、技術や指導法にこだわりすぎているように思う。手本となる「本物」を鑑賞する、肩の力を抜いて深い呼吸をする、得意になりたい技や芸をうまくこなしているイメージを思い描く。そういう「上達法」の練習をしておくのはいいことだ。それを利用して多くの技芸を身につけ、趣味を楽しむ。これこそ教養というものではないか。

　さて、この上達の法則を英語学習に当てはめるとどうなるか。手本となるような英語を読んだり聴いたりすると同時に、肩の力を抜き、自分も同じような英語を使いこなしているイメージを描きながら勉強をする、ということになる。本文中で解説した学習法と合わせて実践していただきたい。

第 5 章

発信する

作文・会話学習

†イギリスのラジオ番組とジャイルズ・ブランドレス

　私の好きな BBC のラジオ番組に *Just a Minute* がある。ときおりテレビ番組として公開収録されることもあり、ラジオ番組としてもテレビ番組としても BBC がインターネット配信をしているので、興味のある読者はぜひ視聴していただきたい。教養ある英語母語話者の母語能力の高さがよくわかる。

　番組のタイトルとしての *Just a Minute* には二つの意味がかかっている。一つ目は、慣用句としての「ちょっと待って」という意味。もう一つは文字通りの「たった1分」という意味。番組の趣旨を表わしているのが後者である。このような洒落が分かるようになると、英語学習がぐっと面白くなってくる。

　番組はイギリスによくある言語能力を競う明るいゲーム番組で、ニコラス・パーソンズという名司会者の采配の下、4人の有名人がそれぞれ与えられたお題についての話をする。与えられた時間は1分。ただし、話題からの逸脱（deviation）、言いよどみ（hesitation）、（与えられたお題の文言と機能語や代名詞などの基本単語以外の）同じ語句のくり返し（repetition）は許されない。

　もしも誰かが話しているときにその反則に気づいた

ほかの競技者は、すかさずブザーをならしてそれをとがめる。そして、その反則の指摘が正しければ、それを指摘した競技者が残り時間を用いて同じ話題について話をする権利を獲得する。反則を犯さずにどれだけ長く話せたか、どれだけ正確に反則を指摘したか、などによって得点を競うのである。ときには、ただ単に冗談を言いたいがためにブザーを鳴らして話を中断する出演者もいるが、その冗談が面白ければ、ボーナス得点を獲得することもある。

　とにかく三つの禁則の制限が半端ではない。途中で'er'、'u(h)m'、'well...'、'you know...'、'I mean...' などのつなぎ語（filler）を入れようものなら、言いよどんだと見なされ、即刻アウト。よどみなくしゃべるだけでも難しいのに、語句のくり返しを避けなくてはならない。出演者がたまにひっかかるのは、番組の放送局の名称である。British Broadcasting Corporation と言えば単語のくり返しがないのだが、BBC と言ってしまうと、その最初の2語の頭文字をくり返したと見なされることがある。これでブザーを鳴らされると会場が笑いの渦に包まれる。

　ついでに言っておくと、BBC という語は、アルファベットをそのまま読むので「頭文字語」（initialism）と呼ばれる。これに対して、UNESCO（United Nations

Educational, Scientific, and Cultural Organization)、NATO (North Atlantic Treaty Organization)、radar (radio detection[ing] and ranging) など、頭文字を取って1つの単語として発音するものを「頭字語」(acronym) という。

　この法則性を無視したのが、日本の文部科学省を英語で表わす MEXT という語。同省は Ministry of Education, Culture, Sports, Science and Technology を英語の正式名称として採用しているのだが、頭文字を取れば MECSST にしかならない。CSS の部分を X で置き換えて「メクスト」と読めば格好よく聞こえると考えたのであろうが、海外の人が見たら、正式英語名称のどこに X が入っているのかと首を傾げるであろう。

　さて、*Just a Minute* の話に戻ろう。この番組の常連出演者の一人が、保守党の国会議員も務めたことのある作家・役者・アナウンサーのジャイルズ・ブランドレスである。あることないことを取り集め、気取ったイギリス英語で滔々と話を続ける。そのまま反則を犯すことなく1分間逃げ切ってしまうことも少なくない。その話術はまさに名人芸である。

　とくに私が好きで何度も視聴したのは、テレビ収録されて1994年4月21日に放送された回で、ほかの出演者に与えられた shrinking violet (「恥ずかしがり屋」

の意。この句を知らなかった読者はさっそく単語帳に書き留めておくこと）のお題も途中で引き取って見事に話し切るし、censorship（検閲）をお題として与えられれば、笑いを取りながら1分間の話を完結させてしまう。国会議員時代のブランドレスは、その経歴からして、日本ではさしずめ「タレント議員」のくくりに入るかもしれないが、日本では、タレント議員はおろか、国会議員全体を見渡しても、彼ほど流暢に言語を操ることのできる人間は見たことがない。

　さらに言えば、少なくとも私の印象からして、国民全体の平均的知性においてけっして日本はイギリスに引けを取らないが、国を代表する政治家の頭の切れという点で見れば、どうひいき目に見ても完敗である。思考を司る言語運用能力が違いすぎる。もちろん、その裏には、巧言令色を嫌う日本と雄弁を尊ぶイギリスとの違いがあるのかもしれない。とはいえ、言語運用能力に差があったのでは、とても対等の議論はできない。母語の運用能力でも負けるとなれば、なおさら英語でまっとうにやり合えるはずがない。英語さえ使えれば世界と渡り合えると思っている人は、ぜひ一度 *Just a Minute* というラジオ番組におけるブランドレスの話術を鑑賞してほしい。そして、まずは母語たる日本語の運用能力を高める努力をしていただきたい。

†論理的に話すための作文学習

　言語文化の違いはそれとして、言葉を繊細に操るための訓練はしておくに越したことはない。とくに教養的な内容について英語でやり取りをしようとするのであれば、まずは英語を論理的に用いる訓練をしておいたほうがいいだろう。

　それができるようになってはじめて、私が拙著『英語達人列伝』（中公新書、2000年）で紹介したような偉人たちのように、英語を自分のものとして、ときに日本的な情緒を表現することもできるようになるのである。英語は論理的な言語、日本語は情緒的な言語と思い込んでいる人が多いのだが、言語そのものにそのような違いはない。使い方次第で、論理的な内容でも情緒的な内容でも表現することができる。

　さて、会話が得意になるためには、とにかくたくさん会話を経験すればいいと思うかもしれない。たしかに、英語による日常会話の練習がしたい場合、英語を話す人を相手に場数をこなせば、そこそこ上達はするだろう。しかしながら、本書がまず稽古相手の存在を前提としない独習の指南書であること、また教養的な内容のことを話すにはしかるべき準備が必要であることを考えると、まずは作文学習から入ることをお勧め

したい。

とはいえ、いきなり教養的な内容の英文を書きはじめるのは難しい。そこで、簡単な練習から入ろう。身の回りにあるもの、あるいは何か思いついた事物を英語で説明してみる。一つのやり方としては、What is this? あるいは What is...? と質問されたことを想定して、それに答える英文を考えて書き留める。もちろん、最初から口で説明できるなら、この練習を飛ばして次の練習に移ってかまわない。

たとえば、目の前に鉛筆があるなら、What is this? と聞かれたと想定して、鉛筆を説明してみる。少し考えて、もしすぐに答えが思いつかないようなら、頭のなかで変な英語をこねくり回すよりも英英辞典を引いてしまうのがよい。

たまたまいま私の手元に電子辞書があり、そこに *Oxford Dictionary of English* の第2版が収められているので、それで pencil を引くと、第一の語義として 'an instrument for writing or drawing, consisting of a thin stick of graphite or a similar substance enclosed in a long thin piece of wood or fixed in a cylindrical case'（細い棒状の黒鉛もしくは同種の物質を長くて細い木材で包んだ、もしくは筒状の入れ物にはめ込んだ筆記用具）との記載があるので、これを借りることにしよう。公式の文章を発

表するときに人の書いたものを無断で使うのは「剽窃」(plagiarism) という犯罪に当たるが、ここではあくまで英語の練習として辞書の定義を使う。

さて、目の前にあるのは特定の構造の鉛筆のはずなので、使用目的を or で結ぶのはいいとして、二つ目と三つ目の or は構造に関わるものなので、その前後のどちらかを選び、さらに目の前で説明しているように文言を微修正する。そして、What is this? に答える形で、非制限用法の関係代名詞 which を使って、'This is a pencil, which is an instrument for writing or drawing, consisting of a thin stick of graphite enclosed in this long thin piece of wood.' という文ができ上がる。これは鉛筆というもので、こういう構造になっています、と説明するわけである。さらに続けて、'I normally use this for [in] drawing pictures.'（私は絵を描くために［ときに］これを使っています）などと付け加えることができれば上等である。ジャイルズ・ブランドレスなら、「鉛筆」というお題だけで笑いを取りつつ１分しゃべれるだろうが、ここではゲームではないので、This is 構文で適切な説明ができれば合格とする。

This is 構文というと、馬鹿にして本気で練習をしない人が多いのだが、じつはなかなか汎用性の高い構文である。たとえば、外国人による会社訪問、研究室訪

問を受けたとき、あるいは研究発表や観光案内などの際に事物を説明する際によく使う。日本の英語教育が実用コミュニケーション主義に移行してから、昔の中学校の教育内容が批判的に論じられることが多く、This is a pen は役に立たない例文の象徴として嘲笑の対象になってきた。誰でも知っているペンを取り上げて This is a pen などとは言わない、というわけだ。だが、これはあくまで将来的に汎用性の高い構文を覚えるための基本として学ぶ文なのである。

　私に言わせれば、いまの中学や高校の英語教科書に出てくる「実用的」な例文のほうがよほど不自然だ。昨今は、実用性を重んじつつ、そこに「発信型」という理念が加わるものだから、日本人が外国人相手に英語で道案内するという設定の文章が頻繁に教科書に登場する。おそらく中学1年から高校3年までのすべてのレベルの教科書にこの道案内が出てくるのではないか。これから2020年の東京オリンピックにかけて、この設定の文章が英語教科書の中にさらに増えてくることが予想される。だが、改めて考えてみるに、道案内とはそれほど実用的な状況だろうか。

　たまたま私が目にした中学3年生用の検定教科書には、日本人の少年（おそらくその教科書の対象学年と同じ年齢という設定だろう）が駅のプラットフォームで

外国人女性を助ける設定の会話文が載っていた。プラットフォームで外国人女性が少年に寄ってきて、どこそこの駅に行くにはどうすればいいですか、とたずね、それに少年が答えるのである。

だが、いくら異国の地であろうと、行き先への乗り継ぎ経路も分からずに外国人がプラットフォームにいるという状況がまず不自然だ。その外国人がよりによって中学生を捕まえて行き方を聞く。そしてその中学生が、鉄道マニアでもあるまいし、何色の電車に乗って何駅で何番線の電車に乗り換えるというところまで、驚くべき正確さで答えるのである。

実用英語を教えるというのであれば、むしろ 'Go to the station staff and ask them.'（駅員さんに聞いてください）という文でも教えておいたほうがよほど役に立つのではないか。電車の乗り換えの指示などは、新人駅員の研修会で教えればいいのである。もちろん、基本的な道案内の英語程度はどこかで教えておいたほうがいい。だが、中学1年から高校3年まですべての段階で学ぶほどの内容ではない。

†話題を増やすための作文練習

身の回りにある具体物を説明する練習のほかに、何か抽象的な話題について質問されたことを想定して、

その答えを英語で書く練習もある。とくに自分が英語で話す可能性のあることなどを選び、答えを書き溜めておくとよい。

　私は合気道を趣味にしており、公益財団法人合気会が発行する『合氣道探求』という雑誌上に7年ほど「英語で合気道！」という記事を連載したが、最初のレッスンに選んだのが英語による合気道の説明である。技の説明もさることながら、合気道を趣味とする人が英語で表現する可能性がもっとも高いのが 'What is aikido?' に対する答えだと考えたからだ。その最初のレッスンの文章（『合氣道探求』第39号、84-85ページ）を引用しておく。

　　合気道の神髄を言葉で語ることはほとんど不可能であるとはいえ、'What is aikido?'（合気道とは何ですか？）と聞かれたときに、まずそれが日本の伝統的な武道であることは伝えておくべきでしょう。ごく短く 'It [[Aikido] is one of the major [traditional] martial arts in Japan'（それ［合気道］は、日本の主要な［伝統的な］武道の一つです）と答えてもいいでしょうし、その歴史を補足すべく、'It was founded by a martial arts master called Ueshiba Morihei in the early 20th century and developed as a system of physical and mental training'（植芝盛平という武道家によって20世紀初頭に始められ、心身鍛錬法として発達しました）とつけ加えてもいいと思います。これ以上の説明については、各自工夫してください。

　私自身は、合気道が平和を尊ぶ武道である点を強調したいので、'Aikido strongly disapproves of the idea of competition because of its fundamental philosophy of harmony and peace-making'（合気道は、和を尊ぶその基本的な哲学のゆえに、競技試合という発想にはっきりと異を唱えています）という説明を加えたりします。

各自工夫をして自分なりの説明を考えておく、欲を言えば学習帳に書き留めておくのが大事なところである。それを折に触れて読み直し、音読をし、何かのときにさっと口から出てくるように記憶に刷り込んでおくのである。最初に説明文を書くときに多少の手間がかかるのは仕方がない。

　私自身、合気道の説明文を頭のなかだけで考えたわけではない。上記の連載や放送大学の授業、あるいは本務校東京大学における留学生相手の授業において合気道、さらには「道」の何たるかを英語で説明する機

会があったので、関連書籍を買い集めてある。それを参考にしながら念入りに作文をするのである。ここでも読書が基本になっていることを確認してほしい。そして、それらを参考にしながら、短い説明文、長い説明文、たとえ話など、いろいろ取り交ぜて用意して何度も読み直す。するといつの間にか、それぞれの状況に合わせてそれが口をついて出てくるようになる。

　もちろん私は英語教師だからそのコツが分かっているのであって、同じことがすぐにできるようになると保証することはできない。だが、同じ練習をくり返すことで、最初は文献を読み、辞書を引きながら書く英文が短時間で書けるようになってくる。最初はそれを何度も棒読みするだけでもいい。やがて簡単なメモ程度の英文を見ながら、それを適宜捕足しながら話すことができるようになり、さらには頭のなかで作文ができるようになる。ただしゃべるだけが会話の練習ではないことを理解してほしい。

†想定問答英文集

　職業柄、授業内外で学生の英語発表の指導をすることが多い。数年前からは、所属部局の国際交流室のアカデミック・アドバイザーとして国際学会に参加する学生の英語発表の指導をしている。そもそも国際学会

に参加しようという学生たちなので、それぞれ研究に対する意識も高く、パワーポイントでの資料の作成も含め、かなりしっかりと準備をしてくる。英語力も高い学生がほとんどである。だが、ひとしきり発表が終わったあとで質疑応答の模擬練習に入ると、こちらが学生のためを思って意地悪な質問をするせいでもあろうが、なかなかやり取りがうまくいかない。

　概して、日本人は真面目なので、英語発表まではしっかり準備をして何とかこなすのだが、台本のない質疑応答に入ると、とたんにしどろもどろになってしまう傾向があるようだ。そういう問題に対し、英語を母語とする教師は、発表原稿に目を落とさず、聴衆とアイ・コンタクトを図りながら、リラックスしてじっくり考えて答えればいい、というようなことを言いがちである。しかし、これまた英語がスラスラ出てくる人間の言い草であって、リラックスしようがアイ・コンタクトを図ろうが、学生たちは肝腎の英語が出てこないのだからどうにもならない。そもそも英語の母語話者に英語の学習法に関する適切なアドバイスを期待するのがお門違いというものだ。

　では、どうするか。もちろん特効薬のような学習法はないのだが、日本人の真面目さを活かす手がある。発表者は、みな発表の準備はできても質疑応答の準備

はできないと思い込んでいるが、けっしてそんなことはない。質疑応答をイメージしながら想定問答をできるだけ多く作っておくのである。

たとえば、'I'm wondering if you could expand on...'（〜についてもう少し詳しく説明していただけませんか；I'm wondering if... という表現をもう一度確認してほしい）と質問されたことを想定して、その答えを用意しておく。'...' に入るのは、すでに発表した内容の一部なので、それをさらに詳しく説明するような文面を書き留めておくのである。そして、できるだけ多くのやり取りを想定した問答集を作っておき、回答の部分をくり返し音読する。

とはいえ、そのような問答集がそのまま役に立つとは考えないでいただきたい。それどころか、私の経験から言っても、想定問答集の文面そのものが実際のやり取りのなかに現われることはほとんどない。しかしながら、イメージ・トレーニングの部分も含め、このような練習をするとしないとでは、実際に演壇に立ったときの気分がまったく違う。そして、1回の発表だけを考えればこのような想定問答自体は九分九厘無駄になるにしても、それは何らかの形で将来かならず活きてくる。

また、できれば使わないに越したことはない表現だ

が、答えを思いつくまでのつなぎの英文を用意しておくという手もないではない。参考までに私の経験を述べておくと、昔、自分が博士課程で指導を仰いだイギリス人の先生の講演や質疑応答のやり方を手本として勉強していた時期がある。とても聞きやすいイギリス英語で話す先生で、日本でも人気があり、1990年代には毎年のように来日し、ゲスト・スピーカーとしてさまざまな学会に参加していたように思う。

　一度、大きな学会のシンポジウムで一緒に登壇する機会を得たので、シンポジウムの記録も兼ねて全体を録音しておいた。登壇してやり取りをしている間はこちらも夢中だから気づかなかったのだが、あとでテープ（当時のことだからカセット・テープに録音したのである）を聴いて、師匠の話術の巧みさに改めて感銘を受けた。

　発表ではもちろん、質問に答えるときにも、ユーモアを交えながら巧みな話術で聴衆を引き込んでいく。だが、さすがの師匠でも質問によっては即答できないことがある。そういうときにどういう対応をしているかを録音で確認してみると、'I think it's a very very interesting question, and I think all our answers that we could all give to it are necessarily still very limited.'（じつに、じつに興味深いご質問だと思います。とはいえ、それに対

して現状で我々がお答えできることは、必然的にとても限られていると思います）というようなことを言っている。

　というより、実質的なことは何も言っていないが、この発話に10秒かけている。その間に答えを考えているのだ。理想論を言えば、学会の貴重な質疑応答の時間を10秒でも浪費するのは好ましいことではないが、質疑応答のテクニックとしてはなかなか巧妙である。私も、英語発表の質疑応答の際など、どうしても答えがすぐに出てこないときには、何度かこの文句を拝借したことがある。

　誤解のないように言っておけば、これは時間稼ぎの文言が役に立つから覚えておくように、という意味ではない。ここまでいろいろなことを考えて準備をしておけば、何もしないよりはだいぶ気持ちが楽になる、と言いたいのである。このような準備は、学会発表のみならずビジネスにおける企画説明や発表の際にも役に立つ。とにかく色々な状況を想定して英語で作文をしておくとよい。

†自叙伝を書く

　これまでの練習に加え、自叙伝を書くという学習法もある。自分の生い立ちから趣味、物の見方・考え方

まで、かならずしも時系列に並べる必要はないので、自分に関して思いついたことをきちんとした英語で書き留めておくのである。

なぜ自叙伝なのかと言うと、まず書くべき内容をことさらに調べる必要がないということ。自分のことだから、いつ、どこで生まれたか、どのような家族構成かなど、伝記的に記述すべきことの多くがすでに分かっている場合が多い。そもそも分からない場合には書かなければよい。自分に関する正確な情報を記録することが目的ではないからである。

自叙伝執筆の目的は、すでに本章の趣旨から明らかなとおり、会話をするための話題の整理である。そして、それが自分に関する話題であるところが重要なのだ。人と人とが言語コミュニケーションを図るとき、その内容のかなりの部分は、自分がどこで何をしたか、どう考えたかについての広義の「物語」(narrative) である。昔の英文学によく登場する書名の定型表現を用いれば、the life and opinions of... (誰それの生活と意見) が話題のかなりの部分を占めている。ほとんどの時間道案内をしているなどという人がいたら、会ってみたいものだ。

英語学習に自叙伝執筆を取り入れるもう一つの利点は、学習に取り組むときの思い入れが強まるというこ

とである。たとえば環境問題、格差社会、震災対策について作文せよ、と言われるよりは（もちろんそのような内容についても英語で考えたり、作文をしたりするのはいい勉強であることに間違いはないが）、自分に関することを書くほうがよほど気乗りがするというものだ。

　自叙伝というと大げさに聞こえるかもしれないが、家族、職業、趣味、性格、交友関係など、なにか一つの主題に絞って自分のことを簡単に書いてみる。そして、そのような文章を書き溜めておくと、いざというときに役に立つ。ぜひこの学習法を実践していただきたい。

◆発展学習

　つぎの英文は、大学英語教科書（『My Home, My English Roots —— 日本の大学英語教師15人のルーツ1』松柏社、2013年）用に編者たる私が書き下ろした英文である。これを読み（読解ができているかどうかを確認するために、巻末に訳を付してある）、自分と自分の専門あるいは趣味との関係について、同じ要領で500〜650語の英文を書きなさい。（訳は187頁）

Reading Bertrand Russell in Utsunomiya

　Last autumn, I was intramurally transferred from the Faculty of Arts and Sciences to the Faculty of Education, and, after clearing the backlog of work, I am now in the final stage of moving out of my old office. There are hundreds of things I am not good at in life, but one of the things I am hopelessly bad at is packing books. It takes me ages because, every time I take some books down from the bookshelf, I cannot resist flicking through the pages, which then evokes various memories of studying English and leads me to relish them for a while. Yesterday, when I was clearing the bookshelves, my eyes rested on an old file of Bertrand Russell Society of Japan bulletins. When you are tidying up your room, old bulletins and magazines, as a general rule, should be the first to go. However, I hesitated to throw the file into a recycling bin. It was something special to me, closely tied up with my memory of Utsunomiya, my hometown, where I started learning English.

Utsunomiya, the capital of Tochigi Prefecture, is located approximately a hundred kilometres to the north of Tokyo. The name of the city is now associated nationwide with *gyoza*, but it was only some twenty years ago that the city, in collaboration with one of the then popular TV programmes, launched a town revitalization project with this Chinese-style dish as its new specialty. I never imagined my hometown would someday be known as a *gyoza* town. My boyhood impression of Utsunomiya was that it was a comfortable place to live, on one hand, with many good-hearted people around, but a featureless provincial city, on the other hand, critically barren of sophisticated culture. It also seemed to be making ambitious efforts to produce a local attraction, which finally bore fruit in the shape of *gyoza*.

To the best of my knowledge, Utsunomiya has nothing to do with English studies. I would have led a life totally unrelated to English, if I had not been initiated by two good teachers into foreign language learning. One of them was Usui-sensei, language teacher at my junior high school, who excited my admiration with his proficiency in English and motivated me to become a teacher like him. The other was Suzuki-sensei, an old acquaintance of my mother's, who was privately teaching English in the suburbs of Utsunomiya. I visited him every Sunday and took one-to-one lessons in reading and writing. Many of our reading materials were selections from literary writings by American and British authors, one of whom was Bertrand Russell. This encounter with Russell thoroughly changed my way of studying English. I was so enthralled by his lucid style and logical ways of reasoning that I started eagerly searching for Russell-related books. In those days, he was well known as one of the best English prose writers, and it was not very difficult, even at a medium-sized bookstore, to find a couple of textbooks or supplementary readers containing his essays. I walked up and down the city centre, often through Orion Street, treading on 'Celebrity Handprints'—a cheap imitation of the famous Hollywood attraction and one of the remaining traces of the city's abortive publicity campaigns—and bought as many of them as possible. I read them voraciously, consulting a dictionary every time I came across an unknown word. I even wrote to the Bertrand Russell Society of Japan, ordering all the obtainable back numbers of its bulletins. Come to think of it, it is amazing how foreign language education, provided by two good teachers in the country, could thus open a rustic boy's eyes to the world and liberate his mind from the bounds of local convention.

Thumbing through the file of Russell bulletins, I decided to keep it, of course. I cannot, should not part with this file, I thought. Yes, this is where I started from.

コーヒー・ブレイク❺
出来過ぎた話

　今回は、英語学習とは関係のない、しかも少々尾籠な話で申し訳ないが、あまりによくできた話なので、この機会に書き留めておこうと思う。お付き合いいただけると有難い。

　2010年、私は1年間の研究休暇を取り、ミドルセックス大学の客員研究員として単身でロンドンに滞在した。同僚たちの多忙を尻目に、新学期になった4月1日にさっさと渡英したばちが当たったか、到着して10日目の朝に背中に激痛が走った。吐き気も尋常ではない。

　じつは、心当たりがあった。それより2カ月ほど前、合気道で激しい稽古をした翌日血尿が出て、さらにその翌日背中がひどく痛んだのだ。その時は尿と血液の検査をしても大きな異状は見つからず、痛みもおさまったために、特別な治療は行なわないまま渡英してしまった。そのときも腎臓結石の疑いがあったのだが、石が体外に出るのを待つ以外に方策がないとのことだったので、そのまま放っておいた。結果的には、どうやら本当に石ができていて、それが暴れ出したのである。

　あわてて GP（General Practice）と呼ばれる近くの一般診療所に行って症状を訴えた。最近の診療では、

どこかが痛いというと、自分が経験した最悪の痛みを10として1から10のうちどのくらいの痛みか、というような聞き方をするものらしい。迷う事なく'Definitely ten!'（間違いなく10）と答えたところ、紹介状を書くが、NHS（National Health Service＝国民保健制度）を使うのと個人病院に行くのとどちらがいいか、と言う。イギリスのNHSを使えば、基本的に無償で診療を提供してもらえるが、検査や診察を受けるまでにやたらと時間がかかる。とにかく一刻も早くこの痛みを何とかしてほしいと思い、大きな個人病院を紹介してもらい、大学の受入れ教員に車で連れていってもらった。

　個人病院での診療は手際も愛想もいいが、べらぼうに高い。初診と検査だけで日本円にして20万円くらい取られた（保険に入っていたので助かった）。診断は、先に述べたとおり、腎臓結石（kidney stone）。ただし、あまり石が大きくないので、いずれ尿とともに排泄される（英語ではpassという動詞で表現する）可能性も高いという。診断がついたとはいえ、いかんせん単身赴任の身だ。結石の体験談によく出てくる、石が便器に当たって立てるカランという音を心待ちにしながら、不安な毎日を過ごしていた。

　だいぶ前置きが長くなったが、本題はここからだ。じつはその時期、重要な仕事が控えていた。NHKの教育番組「3か月トピック英会話──聴く読むわ

かる！　英文学の名作名場面」に挿入する映像を撮るためのロケに出かけることになっていたのである。10日ほどで12の名作ゆかりの土地を巡る、なかなかの強行軍だ。なんとかそれまでにカランの音が聞きたいと思っていたが、祈りもむなしく、撮影旅行に突入することになった。

　チャールズ・ディケンズとヴァージニア・ウルフゆかりのロンドン、本文中でも紹介したジェイン・オースティンゆかりのチョートン、トマス・ハーディゆかりのドチェスターと移動し、痛み止めを飲みながらなんとか作家・作品解説を撮影した。次に訪れたのは、『ダーバヴィル家のテス』（*Tess of the d'Urbervilles*, 1891）のクライマックスの舞台であるストーンヘンジ。イギリス南部、ソールズベリーの草原にある有名な巨石群である。クライマックスの名場面からも窺えるとおり、昔は自由に石の円環の内部に入れたらしいが、いまでは遺跡の保存のために綱が張られ、近づけないようになっている。だが、そこはさすがNHK、教育番組の撮影のためということで許可を取ってくれたので（また、しかるべき撮影料も支払ったのであろう）、番組の聞き手たる女優の内山理名さんと二人で輪の内部に入ることができた。一説によれば先史時代の宗教遺跡なのだそうで、巨石のそばに立っているだけで、その不思議な霊力をひしひしと感じるようであった。

さて、そこでの撮影を終えて次に向かったのは、ルイス・キャロルゆかりのオックスフォード。町に入る途中、道を聞くために寄ったパブで手洗いを借り、用を足した。開店前ということもあってか、トイレは暗く、そのため視覚的にも、また（カランという音として）聴覚的にも確認できなかったのだが、一瞬、何か固形のものが出たような感覚があった。そしてそれ以来、腎臓結石の症状はきれいに消えてしまったのである。

　その時に石が排泄されたと自信を持って言い切ることはできないのだが、「ストーン」ヘンジの霊力と引力で腎臓の「ストーン」が引っ張り出されたと私は今でも信じている。これを話すたび、出来過ぎた話と一笑に付されるのだが、実話である。

第 6 章

実地で試す

†教養を試すための実地とは何か

いままでの章で紹介してきたような学習法を地道に実践すれば、よほど間違ったことをしないかぎり、英語力は向上する。問題は、それをどのように試すか、そして活かすか、ということである。あるいは、そのまえに、英語の教養を試すべきなのか、活かすべきなのか、との問いを立ててみるのも面白い。

実用英語なるものは「実用」を旨とするものであるからして、使えなければほとんど意味がない。道案内の英語表現だけいくら覚えても、道を知らなければ、あるいは誰からも道を聞かれなければ、何の役にも立たない。だが、教養の英語なるものは、かならずしも人前で披露することを前提として身につけるものではない。極端な話が、身につけた英語が、さらには身につける過程が学習者の人となりを形作っていく。

もちろん、格調高い英語表現だけを身につけても、それは教養を身につけたことにはならない。そういう意味では、英語の勉強にかぎらず、常日頃の全人的な研鑽、修養が大事になってくる。そもそも教養とは何か、それはどのように身につくものなのかについては、拙著『教養の力 —— 東大駒場で学ぶこと』（集英社新書、2013年）を参照していただきたい。

教養とは、やや気取った言い方をすれば、そこはかとなく匂い立つものである。自分の教養のほどを棚に上げて偉そうな言い方をすれば、初対面の人でも10分くらいやり取りをすれば、だいたい教養のほどが分かるので、その判断にしたがってそのあとの話題を選ぶ。

　かならずしも会話の内容ばかりでなく、姿勢、面構え、所作も判断基準となることがある。最近は何でもかんでもエビデンス、エビデンスとやかましく、教養の程度を判定するときの客観的な基準は何かと問われるかもしれないが、何かの数値で測れないのが教養なので、こればかりは仕方がない。いずれ人工知能の判断も仰ぎたいところである。

　こちらが会話の内容と作法で相手を測るのと同様、逆もまた真なりで、教養ある英語母語話者も英語の格調や話し方でこちらを測っている。イギリスに行くと、さらに英語の発音で生まれ育ちまで見透かされるから、注意が必要だ。重要なのは、流暢にしゃべればいいというものではない、ということである。

　海外で幼少期を過ごした帰国子女の中には、その後特段の研鑽をせぬまま、子どもの英語でしゃべりまくる人がいるが、それがいくら流暢であっても、内容がなければどうにもならない。ましてや、伝えるべきこ

とも持っていないのに小器用な英語を使ってみたところで、けっして教養ある英語話者には尊敬されないだろう。

　せいぜい 'You speak very good English'、あるいは 'Your English is very good'（英語がお上手ですね）といってあしらわれるだけである。第1章でも述べたとおり、教養ある英語母語話者は、立派な英語を操る非母語話者に対してめったにそういうお世辞を言わないものである。逆に私たちがどのような日本語を操る外国人に対して「日本語がお上手ですね」と言うかを考えてみればよく分かるであろう。母語話者に「英語がお上手ですね」とほめられたら、自分の英語はその程度なのかとがっかりするくらいでないといけない。

　要するに、私が読者諸氏に身につけてほしいと願う英語は、何か特定の役に立つような小器用な英語ではなく、ましてや検定試験の点数の伸びに反映されるような英語でもなく（本書で紹介するような学習法を実践することで、結果的に試験の成績が伸びることは大いに考えられるけれども）、大げさに言えば、身につけること自体が学習者の人となりに反映されるような英語である。とはいえ、せっかく本気になって勉強するのだから、腕試しの機会も考えておこう。

†一般的な心がけ

　まずは一般的な心がけとして、できるだけ英語を使ったり、英語で考える機会を増やすことである。最初のうちは多少意識しながら周りを見渡し、英語を探してみるといいだろう。日英両言語による案内板を見つけたら、英文のほうを読んでみる。英語放送が聞こえたら耳を傾けてみる。もちろん、常日頃英語学習を続けていれば、周りにある英語が気になってくるものだが、より実地での運用を意識化するように心がけるとよい。目の前の状況を英語で説明するにはどうしたらいいだろう、というようなことを折にふれて考えてみるのである。その場で正しい英文を作る必要はない。あくまで英語を使う状況を想定してみるだけでもいい。

　ただし、いくら英語を使う機会を増やすことを心がけるといっても、観光地で外国人を見つけては話しかけるような練習は感心しない。そういう形で英会話の練習をしている人がいることも知っているが、せっかく旅行を楽しみに来て英会話の練習相手をさせられる観光客の身にもなってほしい。しかも、外国人がみんな英語話者ではないのだから、相手の言語文化への敬意もなくいきなり英語で話しかけるのは失礼極まりない。あちらの求めに応じて観光案内をするのとはまっ

たく意味合いが異なるし、そもそもそのような練習で身につく英語力など高が知れている。どうせ英語を使うのであれば、しかるべき必然性のあるところで使いたい。

†職場やコミュニティの英語係を志願する

　英語教師をはじめ英語を専門とする読者の実践の場については、またあとの節で提案することにして、まずは一般的なアドバイスとして、自分が興味を持って英語を勉強していることをさりげなく周りに伝えておくという手がある。会社であれば、所属部局で何か英語を使う必要が生じた場合、この人がいる、という評判を定着させてしまうことだ。その評判がまた自意識と学習意欲を高めてくれる。

　ただし、慣れないうちは調子に乗って実力以上の業務に挑まないこと。間違っても、契約書の作成などには関わらないことだ。極端な話、冠詞の使い方一つで契約内容ががらりと変わってしまうことがある。最初のうちは、外国人のお得意さんが部局にやって来た際の案内役や接待役を買って出るのもいいだろう。うまくすれば、評判が評判を読んで、英語による会議の司会や書類の翻訳を任されるかもしれない。

　そのようなとき、大事なのは念入りに準備をするこ

と。質疑応答の練習のところでも書いたことだが、9割方無駄になってもいいから、いろいろな可能性を想定して英文を用意しておく。もっとも、そのとき無駄になったとしても、そのときに考えた英語は頭と体のどこかに残っている。長い目で見て無駄になることはない。

　また、職場外でも英語と教養が同時に身につく機会はいくらでもある。たとえば、新聞やインターネット上の広報欄を見ると、英語を使用言語とする国際シンポジウムの案内などが出ていることがある。ただ単に英語の練習のためだけに出かけていって不必要な質問をしたりするのは、主催者にも登壇者にも失礼だが、本当に興味のある内容のものを選んで参加してみるのはいいことだ。ここでもまたしっかりと準備をしていけば、学ぶことはたくさんあるはずである。とくに質問や発言をせず、どのくらい中身が理解できたかを確認するだけでもいいだろう。そして、その体験を活かして、また勉強をするのである。

　また、自分が属するコミュニティが英語を用いる国際的な催しを企画している場合などは、自らの英語力に応じて積極的に運営に参加してみる。必要もないのに出しゃばるのはよくないが、英語によるやり取りとなると尻込みする日本人が多いので、英語係を志願す

ると有り難がられることも少なくない。そこで日頃の研鑽の成果を試すのである。実際に英語を使う機会が与えられたら、よくできたところ、うまくいかなかったところを記録しておき、とくに後者に関しては、どのように対応すればよかったか、次に同じような状況になった場合にどのような英語を使えばよいかを研究して書き留めておくといいだろう。

†英語教師の自己研鑽

英語教師は英語の専門家とはいえ、さらに高度な英語の運用能力を目指す人も少なくない。もちろん、私もその一人で、毎日英語の勉強は欠かさない。そして、英語教師にとってもっとも重要な英語使用の実践の場は、何と言っても授業である。生徒や学生の前で英語使用の手本を見せる。私の経験から言っても、これほど力のつく英語修業はない。

急いで断っておくが、私は、英語の授業はできるだけ英語だけで運用すべきだとする昨今の考え方には反対である。現行の高等学校外国語科の学習指導要領には「英語に関する各科目については、その特質にかんがみ、生徒が英語に触れる機会を充実する〔原文ママ。正しくは「充実させる」〕とともに、授業を実際のコミュニケーションの場面とするため、授業は英語で行う

ことを基本とする」(第3款の4)との注記があるが、授業が「実際のコミュニケーションの場面」になりようもないし、教師と生徒それぞれの英語力も多様である。また、教育内容によっては、むしろ母語で教えたほうがいいものがたくさんある。指導要領の記述としては、「生徒の理解度に応じて英語による発話を増やすように心がける」というあたりが妥当な表現だろう。

文部科学省としては文法・訳読偏重の教育(私は文法・訳読が悪いとは思わないが、偏重はよくない)に対するショック療法のつもりだったのかもしれないが、よりによってその処方箋を学習指導要領に盛り込んでしまったものだから、現場の困惑と混乱は半端ではない。英語を話すのが得意な英語教師はどんどん英語で話してもいいだろう。だが、読解や文法解説が得意な教師がその特技の使用を封じられるようでは困る。

「授業は英語で行うことを基本とする」との方針が発表されてから、私は中高の実際の研究授業や授業検討会にも参加し、またその方針を推奨している視聴覚教材や実際の授業の様子を収めたDVDなどを授業その他で研究する機会を得たが、「オール・イングリッシュ」の英語による授業がかならずしもうまくいっているとは思えない。もちろん、中には上質の英語でみごとに授業を運営している先生もいる。そのような先

生が増えるのは大いに結構なことだ。

　だが、中には、とにかく英語でやり取りすることが大事だとの誤解に基づく授業も少なからずある。第4章でも論じたとおり、「英語のシャワー」と称して週に数時間程度中途半端な英語でやり取りしたところで、英語力など伸びるものではない。ましてや会話の苦手な教師のおかしな発音や間違った文法にさらされる生徒はたまったものではない。百害あって一利無しである。中等学校での英語教育は、とにかく丁寧に基礎を教えるのが大事である。

　英語を話すのがあまり得意でない英語教師が無理に英語で授業を運用しようとすると、往々にして早口になる。発音の癖や文法的な誤りをごまかそうとするためか、生徒に対していかにも英語をしゃべっている風を装ってまくしたてるのである。これは感心しない。英語教師であれば、まず自らの英語発音をよくする努力をしなくてはいけない。また、発音がよくなれば発話に自信がつき、生徒の手本になるような英語でゆっくり話せるようになる。

　昨今、教師中心の（teacher-centred; centred はイギリスつづり。アメリカでは centered とつづる）英語授業ではなくて生徒中心の（student-centred）の授業を運営しなくてはいけない、授業において教師は進行役（facilitator）であるべきだ、などという考え方が広まっている。それはそれで一理あるが、そのような考え方が英語力不足の逃げ道になってはまずい。そのような授業運営はあくまで教師の高度な英語力を前提とするものであり、教師は、必要とあらば標準的な発音や文法をきちんと指導できなくてはならない。1時間まるまる見事な英語で授業をすることもできるけれども、生徒に分かりやすく日本語で文法を解説することもできれば、自然な日本語に訳してみせることもできる。そして、そのあとでまた 'OK, let's switch back to English and talk a little bit about...'（それじゃ、また英語に切り替えて、少しばかり〜の話をしましょうか）などと言いながら、日英両言語を自在に行き来できるくらいの英語力を身につけてほしい。

†英語教師の文法学習

　前節で触れた授業運営の理念だけでなく、最近では文法指導についても考え方が変わってきている。これは何々構文、これは何々用法、というように明示的に教えるのは駄目で、生徒が文法形式に気づくように仕向けるのがいいのだという。

　私自身は、文法など最初にしっかり教えてしまったほうが手っ取り早いし、文法学習で英語嫌いになるよ

うではどの道ろくな英語を身につけようもなく、それをだましだまし（内容をごまかすのはまずいけれども）教えるのが教師の使命だと考えているが、あまり文法にこだわらないほうが教えやすいというなら、それもよし。そのような考え方をことさらに批判するつもりもないが、ひとつ心配なのは、それが教師の不勉強の言い訳になっているのではないか、ということである。

　文法にこだわるな、と言うのはたやすい。だが、生徒によっては理屈で理解したがる者もいる。特定の文法事項をどうしても確認したがる者もいる。そういうとき、その文法事項を理解したうえで、君は文法にこだわりすぎるからそんなことは気にするな、と指導するのと、それを理解することなく文法にこだわるな（自分も知らないくらいだから）と指導するのとでは大違いである。できれば、しっかりと文法を勉強した上で指導法が選択できる教師になってほしい。

　たとえば、「His mother made him go on errand って、（基本5文型の）第何文型ですか？」と聞かれたとして、どう説明するか。そんなことは知らなくていいと答えるか、そもそも基本5文型の分類には不備があると答えるか（ここでも、さらなる「どうしてですか？」の対応を考えておく必要はある）。私だったら、基本5文型のどれかに当てはまるというより、「使役動詞の make

＋代名詞（目的格）＋動詞の原形（原形不定詞）」で「誰々に〜させる」の意味になると覚えさせるだろう。だが、英文法書によっては、不定詞も補語になり得るとして、第5文型（SVOC）に分類しているものもある。あるいは、Leech and Svartvik（2002）は、日本人に馴染みのある5文型に加えてSVOVという文型を挙げ、前記のような文はこれに分類している。

　あるいは、it-thatの強調構文（英語で言うところのcleft sentencesの一種）のthat節内の時制が過去であった場合、itとthatの間のbe動詞は現在形か過去形かと聞かれたとする。たとえば、Miss Williams enjoyed reading novels as a pastimeという文があったとして、このMiss Williamsを強調するとき、It is Miss Williams that enjoyed reading novels as a pastimeとするのが正しいか、It was Miss Williams that... とするのが正しいか。なかなか難しい問題だ。

　じつは、この件が英文法書のなかで説明されていることを教えてくれたのは、東大名誉教授の川本皓嗣（こうじ）先生であった。先生は比較文学の大家とはいえ、東大在職中は教養学部の英語教師も務めており、英文法の知識は相当なものであった。先生が教えてくれた解説は、Quirk et al.（1985: 1386）中にあり、じつは前記の英文もその箇所から取ってきたものである。この文法書は

私の愛読書でもあるのだが、主節と従属節の時制選択に関する記載は注記の部分にあり、私も見落としていた。その箇所は下記のとおり。

> Decision between present and past, however, is somewhat complicated. Where the verb of the second clause is present, that of the first will be present: (...) Where the second verb is past, the first can always be past: (...) But the first verb may be in the present where the persons concerned are still living or the objects concerned still familiar in the participants' experience:
>
> It is Miss Williams that enjoyed reading novels as a pastime.
>
> It is these very novels that Miss Williams enjoyed reading as a pastime.
>
> *It is as a pastime that Miss Williams enjoyed reading novels.

要するに、二番目の節(従属節)の動詞が現在形なら最初の節(主節)は現在形となる。また、従属節の動詞が過去形なら主節も過去で問題ないが、主節の動詞が現在形になり得る条件がある、というのである。

ここで紹介されている条件は二つ。①強調されてい

る人物がまだ生きていること、そして②強調されている物が身近なものであること。前掲の例文では、Miss Williams が生きている、these very novels が身近なものであるという設定で、主節と従属節の時制のずれが許容されるが、as a pastime（気晴らしに）の部分を強調したい場合、このいずれの条件にも合わないので、そのようなずれは文法的に許容されない、ということである。

断っておくが、英語教師であればこのような文法事項をすべて知っているべきだ、と言ってるのではない。ここで例示した文法事項は、きわめて特殊なものである。私が言いたいのは、一見どうでもいいような文法、語法についても、調べてみればしかるべき説明がなされている場合があり、英語教師たるもの、それに対する興味を持ち、調べ方をわきまえていたほうがいい、ということ。そして、流行の教授法に逃げるのでなく、英語そのものに対する探究心を持ってほしい、ということである。

†英語を専門的に用いる人たちへのアドバイス

英語教師以外にも、英語を専門的に用いる人は多い。英文学者、英語学者、英語が関係する翻訳を手がける翻訳家はもちろん、英語圏に関する地域文化研究者な

ども、英語の専門家と言っていいのではないか。それ以外にも、仕事や研究を遂行する上でかなり高度な英語力を必要とする人は少なくないはずである。そのような人たちに対し、過去40年以上英語学習・教育を中心として生活をしてきた人間として、アドバイスできることは少なからずある。

　本書は、基本的に日本にいながらにして英語を勉強して教養を身につけたいと思う読者のための独習書ではあるけれども、英語習得だけを考えれば、英語圏への留学が効率的であることは言うまでもない。私に留学を勧めてくれた英文科の指導教官は、英文学を学ぶのであれば、英米への1年の留学は日本での4年分くらいの勉学に相当するとおっしゃっていた。1年が4年に相当するというのは、先生ご自身の印象かもしれないし、多くの学生指導の経験に基づく知見かもしれない。私自身は、英米での1年が日本での何年分に相当するかはよく分からないが、英米それぞれに留学した経験から言えば、それぞれの地での体験はたしかに貴重なものとして自分の中に残っている。

　とはいえ、私はけっして英語圏で一番効率よく学べることを日本でも努力して学べるように本書を書いているのではない。同じ英語を学ぶにしても、日本にいるのと留学するのとでは、学ぶべき内容が違うのであ

る。むしろ昨今では、留学しなければ学べないようなことはさほど多くない。たいがいのことは日本で学べるのだが、日本で身につけた学識や教養がどれだけ国際的に通用するのかを試すには、やはり留学に若くものはない。

　またしても私自身の経験で恐縮だが、アメリカの大学の修士課程に入ったとき、もちろん学ぶべきことも多かったが、日本における英文学研究のレベルの高さをあらためて思い知ったことも大きかった。ときとして、アメリカの大学院生が教員に対してあまりにあっけらかんと初歩的な質問をするのを見聞きして新鮮な驚きを感じたものである。けっして英語圏をあがめることもなく、恐れることもなく、また日本のほうがすごいのだと開き直ることもせず、素直な気持ちでかの地を見てくることはとても価値のあることだ。時間的、経済的、体力的に余裕のある若者には、ぜひ留学を勧めたい。

　また、国内外で開催される国際学会に積極的に参加し、できれば英語による発表を行なうのもいいことだ。もちろん、質疑応答も含め、先に述べた要領で念入りに準備をしていくこと。また、発表がうまくいったら、その内容を論文にして投稿するのがよい。査読者とのやり取りのなかで学ぶべきことも多い。

このほか、英語に関係のある研究や仕事をしている人であれば、身の回りに英語を使う機会はいくらでも見つかるはずである。それを積極的に活かす。そして、そのつど疑問に思ったことを調べ、学んだことを書き留めておく。そのようにして勉強を続けていくのである。

†ロッジ解読ふたたび

いろいろと英語力の実践の場を述べてきたが、最後はやはり読書に戻りたい。どれだけ英語が読めているか、これこそが教養英語の真の指標である。

すでに本書の読者の多くは、ロッジの *The Art of Fiction* の読解に挑戦してくれていると思う。本書第3章において、小手調べとしてその冒頭の部分を読んだので、ここではその最後の段落を読んでみよう。自分がどれだけ正確に読めているかを確認していただきたい。

じつは、ロッジの本の最終章は、その名もまさに「結末（Ending）」となっており、小説の結末部の仕立てを論じつつ、本全体をまとめている。そのまさに最後の部分が下記の段落である。1文目の 'this ending' が直前まで論じていた小説の結末部を指し、そのあとの 'under other headings' の次に 'than Ending' の句が隠れていると考えて、一読していただきたい。

I could, without too much difficulty, discuss this ending under other headings, such as Defamiliarization, Repetition, The Experimental Novel, The Comic Novel, Epiphany, Coincidence, Irony, Motivation, Ideas, and Aporia, but I will not labour the point—which is, simply, that decisions about particular aspects or components of a novel are never taken in isolation, but affect, and are affected by, all its other aspects and components. A novel is a *Gestalt*, a German word for which there is no exact English equivalent, defined in my dictionary as "a perceptual pattern or structure possessing qualities as a whole that cannot be described merely as a sum of its parts."

まずは１文目から分析していこう。２語目の could はどのような意味だろうか。単に can の過去形と覚えていたのではなかなか意味はつかめない。ここでは、「〜することもできるであろうに（実際にはしない）」の意で、「その気になれば、必要とあらば」というような意の条件節のない仮定法過去の主節の法助動詞（modal［auxiliary］verb；法性［p. 35 参照］を表わす助動詞）と説明することもできる。次の挿入部の without too much difficulty（さほどの困難もなしに、ある程度容

易に)を飛ばしてdiscuss this endingにかかる。「このような結末を論じることも、さほどの困難もなしにできるだろう」の意だ。ただし、ただ「論じることもできる」と言っているのでなく、直後にunder other headings of... とあるから、「(「結末」ではなくて)以下のような別の見出しで論じることもできる」と言っているのである。

その別の見出しというのが、ずらりと並んでいる。日本語に訳すとすれば、「異化、反復、実験小説、喜劇小説、突然の顕現、偶然、皮肉、動機づけ、思想、論理的難点」となる。それぞれの概念については、すでにロッジが別の章の章題として用いており、そこで解説しているので、それを参照していただきたい。いずれも文学批評における重要な概念である。

さて、couldとの関連で説明したとおり、そのような見出しの下に論じることもできるのだが、butと続く。すなわち、それをせずにI will not labour the pointとなる。labourはイギリスつづりで、アメリカつづりではuがない。「労働」という名詞としての意味しか知らない人には「陣痛」の意味があることも教えたいところだが、本書の読者はすでにそのような意味を知っており、しかもここのlabourが名詞ではなくて他動詞であることも見抜いているかもしれない。「〜を詳

細に論じる」の意である。そして論じる内容が（実際には論じないわけだが）the point（要点）となる。そして、この the point の説明が少々込み入っている。

「詳細に論じることはしない」と言っているものの、その point（要点）が、この語を先行詞とする関係代名詞 which 以下でごく簡単に説明される。「細かく説明するつもりはないが」、simply（要するに）、that 以下である、というわけだ。この機会に、The point is that…（要するに［重要なのは］……ということです）という表現も覚えておくといいだろう。口語でもよく使う。

さて、要するにどういうことなのかというと、decisions about particular aspects or components of a novel are never taken in isolation, but affect, and are affected by, all its other aspects and components ということなのだが、この節がまたなかなか複雑だ。主語はどれだろうか。

正解は、decisions about particular aspects or components of a novel（小説の特定の側面や構成要素について何かを決めること）の部分である。それは、are never taken in isolation（けっして別々に取り出すことはできず）、but（そうではなく）、affect（〜に影響する）、and are affected by（そして〜に影響される）、となって、共通の「〜」の部分に入るのが all its other aspects and components（すべてそのほかの側面と構成要素）である。分かりやすく図示すると、この節の構造は以下のとおり。

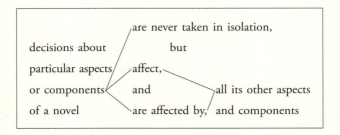

それでは、2文目に移ろう。まず、A novel is a *Gestalt*（小説はひとつのゲシュタルトである）はいいだろう。「ゲシュタルト」は文中でも語義的に説明されているけれども、教養の一部として知っておくべき概念であり、ぜひ自分で調べていただきたい。とくに「ゲシュタルト心理学」（Gestalt psychology）という学問分野が有名である。

さて、本文に戻ると、コンマを挟んだところにある a German word は先の *Gestalt* と同格で、この言葉がドイツ語であることを説明している。それで、for which（その語に対して）、there is no exact English equivalent（英語の対応語がなく）、defined in my dictionary as...（私の

辞書では次のように定義されている）となる。defined は過去分詞で、先の a German word にかかっている。

　ロッジの辞書による定義が、"a perceptual pattern or structure possessing qualities as a whole that cannot be described merely as a sum of its parts" の部分。核となる部分は、a perceptual pattern or structure（知覚上のパターンや構造）で、それがいくつもの特質を全体として持っている（possessing qualities as a whole）のだが、その全体（whole）の説明が、この語を先行詞とする関係代名詞 that 以下でなされている。すなわち、cannot be described（記述することはできない）、merely as a sum of its parts（単に部分を集めたものとして）ということである。単に部分が集まったものとして全体があるのでなく、その全体が全体として有機的な構造を有しているというのが「ゲシュタルト」の概念の要点なのだ。

　さて、どこまで理解できたであろうか。念のために、この段落の拙訳を掲げておく。

　　このような結末を、たとえば異化、反復、実験小説、コミック・ノベル、エピファニー、偶然、アイロニー、動機づけ、思想、アポリアなど、別な見出しのもとで論じることもさほど難しいことではないが、これ以上同じ話を引き伸ばすのはよ

そう。要は、小説について何かを決めようとすれば、問題となる側面や構成要素だけを切り離すことはできず、かならず他の側面や要素が連動してしまうということがおわかりいただければよい。小説とは、ドイツ語でいうところの「ゲシュタルト」である。これに正確に対応する英語がないので、辞書の定義を用いて言うなら、それは、「単に部分の集合として説明することのできない、有機的な全体として知覚されるパターン、あるいは構造」なのである。

　ここまでの精読は、たまに読解力を確認するために行なえばよい。あとは多読を中心として、本書で解説したような修業を実践してほしい。人によって必要な修業項目も違うだろうし、上達の速度も、仕方も、一様ではないはずである。また、いくら勉強してもなかなか上達が実感できないときもあるだろう。上達曲線は単純な右肩上がりではない。長い低迷期を経て、ふっと壁を越えることがある。どんなことがあってもたゆまぬ努力をしていれば、何度もそのような体験をしながら、気づけばいつしか教養ある英語の使い手となっているはずである。

コーヒー・ブレイク❻
戦闘モードの英語

　英語で外国人と交渉をするときにははっきりと自己主張をすべきだと思い込んでいる人が多いが、かならずしもそんなことをする必要はない。さまざまな語彙で陰影をつけながら、時と場合に応じた交渉をすればいい。ただし、日本語でも同じだが、時によってはたしかに戦闘モードで臨まなくてはいけないこともある。このモードの英語も一度だけ本気で使ったことがある。研究休暇を取ってイギリスに滞在したときのことだ。思うに、腎臓結石の件も含め、2010年は私にとって受難の年であった。

　その年の暮れ、私は日本に帰ろうとしていた。航空券も手配し、いよいよ帰国の日が近づいてきたころ、イギリスではめずらしい大雪が立て続けに降った。そのため、ヒースロー空港の滑走路が凍結し、1本だけかろうじて使える状態であった。多くの航空便が欠航となり、日本行きの便が出るかどうか、まったく不明であった。ブリティッシュ・エアウェイズや空港のホーム・ページを見ても、空港に来る前にきちんと情報を把握せよ、とは書いてあるが、その肝腎の情報が分からない。仕方なく、出発の予定日、早めに空港に行ってみたら、第5ターミナルの出発ロビーには見たこともない光景が広がってい

た。どこを見ても人、人、人。中には敷物を敷いて寝ている一団もいる。情報も錯綜している。

　とにかく、自分が乗ろうとしている便が出るのかどうかを確認しようと思って掲示板を見たが、まだ時間が早すぎて案内が出ていない。ほかの便については、8割方欠航、中にぽつんぽつんと出発時間、搭乗手続きカウンターの表示があるくらいである。そして、それぞれの搭乗手続きカウンターの前には長蛇の列ができていて、最後尾からカウンターのところまでたどり着くのに1時間以上かかる見込み。とにかくどの列がどこまで続いているのかも分からぬくらいに出発ロビーが混雑している。便の案内が出るのを待ってから並びはじめたのでは手続きに遅れるのではないかと恐れ、一計を案じた。日本行きが出るとしたら搭乗手続きカウンターはここになるはずだと予想し、決めうちで列に並んだのである。気になるのは掲示板の案内だ。不安を胸に見ていると、出た、日本行きは予定どおり運行！　手続きカウンターも当たり！　ここまではよかった。

　並びはじめて1時間、ようやくカウンターが見えてきた。カウンターの前にも男の係員がいて、前のほうに並んでいる客の旅行先を確認している。そして、私の行き先を確認するや、いま搭乗手続きをしているのは別の便で、日本行きの手続きをするには早すぎる、もう一度一から並びなおせ、という。早

めに並びはじめたのが裏目に出たのである。仕方なくもう一度列の最後尾に回り、ようやく半分くらい来たあたりで、今度は女性の係員が、混雑を避けるため午後の便は1階のフロアの臨時カウンターで搭乗受け付けをすることにした、と言って回っている。私が乗るのは午後の便なので、これまた指示どおり1階へ向かった。下のフロアといったって、空港の中の話だから移動距離も半端ではない。もとより重いスーツケースを持って歩いているのだ。ようやく指定の場所にたどり着いたが、どこにも臨時カウンターなど見当たらない。1階の係員に聞いても、臨時カウンターの設置など聞いていないという。ヘトヘトになって2階に戻ったら、また後ろに並べという。途方に暮れているときに、たまたま臨時カウンターの件を伝えていた女性係員と出くわした。平然とした顔で、「どうだった？」と聞いてくるから、さすがの私も堪忍袋の緒が切れた。

　どうだったもこうだったもあるものか。臨時カウンターなどどこにもないではないか。この無駄な移動がなければ、私はいまごろあの先頭のところにいたはずだ、とまくし立てた。するとその係員は、さすがに責任を感じたのか、係員の特権で列の途中に割って入り、「こちらのお客さんをここに入れてください」と言って私をそこに押し込んだ。前後の客が言葉を交わしているように見えたので、家族を分

断してしまったかと思って確認したら、「こういうときは、みんなファミリーさ」みたいなノリのいい人たちであった。

　そこからは、時間こそかかったものの、大きなトラブルもなく、無事手続きを済ませ、搭乗、帰国を果たした。だがいまでも、EU離脱に揺れるイギリスのニュースを見るたび、まるでその予兆であったかのようなあのときのヒースロー空港の混乱状況を思い出す。

あとがき

　とりあえずここまで本書をお読みになった読者は、英語学習がどのようなものであるかをある程度ご理解いただけたものと思う。もちろん、ここまで本書を読んだからといって英語学習が一段落したわけではなく、むしろここから本格的な英語学習が始まるものとご了解いただきたい。本書のなかでまだ十分理解できていない文法事項ややり残した学習項目がまだいくつもあるはずである。もう一度最初に戻って、また一つ一つ内容を確認しながら学習を進めてほしい。

　久しぶりに英語学習の指南書を書いた。中上級用としては、『英語達人塾』（中公新書、2003年）以来だろうか。そもそも、英語学習の指南書の執筆を引き受けたのも久々である。歳とともに体力も落ち、性格的にも頑固になっているためか、よほど納得のいく企画でないと引き受ける気にならなくなってしまったためでもある。お手軽な英語学習法の研究や指導には間違っても絡みたくないのだが、素人考えに基づいて立てられたとおぼしき企画が後を絶たない。

なかでも困るのが、（初中級の学習者を含め）一般の人が興味を持って簡単に取り組めるような内容にしてほしい、というもの。簡単に取り組めるような学習法は、どのみち簡単に捨てられてしまうもので、それで身につく英語など（たとえ身についたとしても）レベルの低いものである。また、情報テクノロジーの進化を受け、こんな学習法が可能なのではないか、これで日本人の英語力が向上するのではないか、と考える人も多い。とくに経済界や企業の人たちは、普段から経営戦略や技術の革新を目の当たりにしているためか、やり方さえ変えれば英語学習が格段に進歩すると考えてしまうらしい。

　逆転の発想だ、新しいテクノロジーだと言えば、何かが画期的に変わると考えたくなるのも分かるけれども、たとえそれで学習環境が変わったとしても、学習者がきちんと英語の勉強をしてくれないとどうにもならない。イギリスの有名な諺に、「馬を水辺に連れていくことはできるが、無理やり馬に水を飲ませることはできない」（You can lead［take］a horse to the water, but you can't make him drink）というものがある。何かを行なうべき主体の意欲の重要性を表現した諺である。英語学習のためのテクノロジーが進化すれば学習者が進んで英語を勉強し、その英語力が向上すると考えるの

は、水辺の環境を整えれば馬がどんどん水を飲んでくれる、と考えるようなものだ。

ICT活用術、反転学習、アクティブ・ラーニングなどなど、いかにも耳触りのよい学習法が次から次へと提唱されるが、それで英語学習が大いに促進されると考えている人は、日本の英語教育・学習史、および教授・学習技術の進歩に対する期待と失望の歴史を思い出してみるがいい。大正時代にハロルド・パーマーが導入したオーラル・メソッド、昭和中期に一大ブームとなったC・C・フリーズのパタン・プラクティスで日本人は期待どおり英語が話せるようになったか。これまた昭和中期に普及したLL教室、さらに平成に入って開発が進んだCALL教室のおかげで日本人の英語力は飛躍的に向上したか。

教養英語に興味のある読者であれば、ラフカディオ・ハーン（小泉八雲）の名前くらいは知っているだろうが、その英文著作を読まれたことがあるだろうか。その *Glimpses of Unfamiliar Japan*（1894）という著作のなかに、ハーンが松江の尋常中学校で教えた生徒の英作文が載っている。彼自身が書いているとおり、出来のいい生徒の作文であり、彼が多少添削を施していたにせよ、そのレベルの高さに驚かされる。いまの中高生のなかでもそのレベルの作文が書ける者は、ほんのわ

ずかであろう。

　すでにほかの著作で何度も論じたとおり、新渡戸稲造、岡倉天心、鈴木大拙たちほど見事な英語で日本文化を発信できる人は、現在の日本にもほとんどいない。要するに、どのような英語教育を受けようと、どれだけ英語教材が充実しようと、テクノロジーが進化しようと、高度な英語力を身につける人は限られている。そして、その人たちには共通点がある。みなそれぞれの時代において最大の努力をしたということだ。私は、同じ志を持つ読者諸氏が努力の方向性を見誤ることがないように本書を書いた。

　本書の執筆に当たっては、筑摩書房編集部の河内卓氏に大変お世話になった。私は、氏から企画説明の最初の手紙を受け取ってからあまり間を置かずに執筆をお引き受けしたが、それは交渉の比較的早い段階で、納得のいくレベルの本を書かせてもらえそうだとの実感を得たからである。内容について妥協するつもりはないと明言しても、河内氏は一向に動じる気配を見せない。若手でありながらこの肚の据わり方はただ者ではないと思ったが、世間話をするうちに謎が解けた。

　まず、彼は大学院でカリブ海の島国トリニダード・トバゴの文学（本書中で紹介したV・S・ナイポールも同地出身である）を専攻し、教養ある英語の何たるかを

十分に理解しているということ。そして、もう一つ重要な事実を教えられた。彼がかつての第一高等学校校長・森巻吉(けんきち)のひ孫であるということ。森は夏目漱石とも親交があり、一高で英語教師を務めた。かつて向ヶ丘の弥生（現在の東大農学部のある場所）にあった一高と駒場にあった東京帝大農学部との敷地交換を実施した際の一高校長が森で、日本海海戦時の東郷平八郎の名言（とされている）「皇国の興廃この一戦にあり」をもじって「向寮の興廃この一遷にあり」と言ったとされる。決断力と行動力のあった校長らしく、河内氏の肚の据わり方は曾祖父譲りと納得した。面魂もどこか曾爺(ひいじい)さんを思わせる。氏にはこの場を借りて感謝を申し上げる。

平成29年3月1日
著者識

解答・解説・和訳

◆第3章「発展問題」(88頁) の解答・解説

問1の解答：個性とは、人とは違う行動を取ることから生まれるものではなく、自分が活動する領域の慣例や約束事をしっかりと学び、そこで研鑽を積むことによって生まれてくるものである。

問2の解答：いずれも、それぞれの活動領域の慣例や約束事をしっかりと学んでたゆまぬ努力をした結果強い個性を身につけた偉人として例に挙げられている。

問3の解答：意味は、「この文脈でもう一つ重要なことを言っておけば、個性や独創性なるものは最初から獲得しようと務めるべきものではなく、その活動における上達を図る上で行なう努力の結果として、またその努力の程度に応じて知らず知らずのうちに身につける資質なのである」ということ。

構文は次のとおり。まず、文の主部が Another important point to make in this context で、その中でも核となる語は point である。第6章で The point is that...（要するに［重要なのは］……ということです）という表現を勉強するが、全体としてはそれと同じ構文

になっている。それで、主部の最初に出て来る Another は「もう一つの」の意だから、その前に別の point があったはず。それが下線部の直前にあった you cannot come up with something truly 'unique' and 'original' without learning the basic rules of the activity you are to be involved in and becoming deeply immersed in its long-established traditions and conventions の部分。「本当に「個性的」で「独創的」な何かを作り出すためには、まず自分が加わるべき活動の基本的なルールを学び、長い時間をかけて確立したその伝統と慣例にどっぷりと浸らなくてはいけない」ということである。この一つ目の教訓があるからこそ、*Another* important point... is that〜（もう一つ重要なことは〜）という理屈になる。this context（この文脈）は、上記の教訓に収斂する文脈のことである。

　なお、to make は point を修飾する to 不定詞の形容詞用法。make a point は「主張をする、要点を述べる」の意だから、a point to make となると「主張すべき点、述べるべき点」と後ろから掛かる。

　さて、もう一つの要点が何かというと、それがいよいよ that 以下の uniqueness or originality is not a goal you should aspire to attain, but a quality which you unconsciously acquire as a result of, and in proportion to, the efforts you make to improve yourself in that activity の節である。

　まず、この節の主部は uniqueness or originality（個性あるいは独創性）の部分。それが is not A but B（A ではなくて B である）の構文になっている。まず、A に当たる部分が a goal you should aspire to attain で、goal と you の間に関係代名詞の which が省略されていると考えるとわかりやすい。それで、B に当たるのが a quality which you unconsciously acquire（無意識のうちに獲得する資質）である。

　ただし、acquire にかかる副詞相当語句があって、それが as a result of 以下である。まずは the efforts you make to improve yourself in that activity を先に片付けてしまおう。ここでも efforts と you の間に関係代名詞 which が省略されていると考える。「その活動において自分を高めようとして行なう（数々の）努力」と後ろから efforts にかかる。それで、その努力の結果として、そしてまたその努力に比例して、と二つのことが言いたい。すなわち、全部書けば as a result of the efforts you make to improve yourself in that activity and in proportion to the efforts you make to improve yourself in that activity となるが、後半が重複しているので、一つを省略して、as a result of, and in proportion to... となっ

ているのである。

◆第5章「発展学習」（142頁）の英文の訳：

宇都宮でバートランド・ラッセルを読む

　昨年の秋、私は大学院総合文化研究科から大学院教育学研究科に学内配置換えになり、いまや残務を片付けて、今まで使っていた研究室を引き払う最終段階に入った。人生において苦手なものは何百とあるが、どうしようもなく苦手ないくつかのもののなかに本の荷造りがある。本棚から本を下ろすたび、どうしてもページを繰ってしまうから、さまざまな英語学習の想い出が呼び起こされ、しばらくそれをまた味わったりするために、延々と時間がかかるのだ。昨日、本棚の整理をしているときに、日本バートランド・ラッセル協会の会報のファイルに目が留った。部屋の片付けをするとき、古い会報や雑誌は、一般的に真っ先に処分すべきものである。しかしながら、私はそのファイルをリサイクル用のゴミ箱に投げ入れるのをためらった。それは、私が英語学習を始めた故郷宇都宮の想い出と密接に結びついた、特別なものなのだ。

　栃木県の県庁所在地である宇都宮は、東京の北方約

100キロの位置にある。この町の名前は、全国的に餃子との関連で覚えられているが、市が、当時の人気テレビ番組と一緒にこの中華風料理を名物とする町おこしに乗り出したのは、ほんの20年くらい前のことである。私は、自分の生まれ故郷が餃子の町と呼ばれる日が来ようとは思ってもいなかった。少年時代の印象から言えば、宇都宮は気のいい人の多い、住みやすい場所である一方、洗練された文化が決定的に欠如した、特徴のない地方都市であった。町はまた、地元の名物を作ろうと躍起になっているように見えた。結局、その努力が餃子の形で実を結んだというわけだ。

　私が知るかぎり、宇都宮は英学とは縁もゆかりもない。二人の優秀な教師が語学の手引きをしてくれなかったら、私は英語とは無関係の人生を送っていたことだろう。そのうちの一人は、中学の語学教師たる薄井先生で、その英語力に感激した私は、こんな英語の先生になりたいと思った。もう一人は、母親の昔の知り合いである鈴木先生で、宇都宮の郊外で私塾を開いていた。私は毎週日曜日に先生のところに行き、一対一で読解と作文を教わった。読解教材の多くは英米の作家の手になる文学的な文章から採られたもので、そのような作家の一人がバートランド・ラッセルであった。このラッセルとの出会いが、私の英語学習を大きく変

えた。私はその明快な文体と論理的な議論に魅了されるがあまり、ラッセル関連図書を一心に探し求めた。当時、彼は英語の名文家としてよく知られており、さほど大きくない本屋に行っても、彼の随筆文を収めた教科書や副読本は2、3冊置いてあったものだ。私は市街地を歩き回り、ときに「有名人と手と手のふれあい」の手形——ハリウッドの名所の安っぽい二番煎じであり、失敗した町おこし企画の名残の一つである——を踏みしめながらオリオン通りを通り、手当り次第にそのような本を買った。そして、知らない単語が出てくるたびに辞書を引きながら、むさぼるようにそれらを読んだ。さらには、日本バートランド・ラッセル協会に手紙を書いて、手に入る限りの会報のバックナンバーを注文した。田舎の二人のすぐれた教師による語学教育が田舎小僧の目を世界に開き、その精神を地元の慣習から解き放ったのだから、考えてみれば驚くべきことである。

　ファイルに綴じられたラッセル協会の会報をぱらぱらと繰り、当然ながら私はそれを取っておくことにした。このファイルを捨てることはできない、いや捨ててはいけない、と思った。そうだ、私はここから始めたのだ。

参考文献

まえがき
斎藤兆史(2000)『英語達人列伝――あっぱれ、日本人の英語』中公新書.

第1章
Leech, G. N. and Short, M. H. (1981) *Style in Fiction*. London: Longman, 1981.

Nakamura, T. (2015) 'Benefits of Teaching Speech/Thought Presentation: Developing Language Awareness through Reading Austen and Eliot' in Teranishi, M., Saito, Y. and Wales, K. eds. *Literature and Language Learning*. Basingstoke: Palgrave Macmillan, 2015: 151-66.

斎藤兆史(2000)『英語の作法』東京大学出版会.

第3章
Quirk, R., Greenbaum, S., Leech, G., and Svartvik, J. (1985) *A Comprehensive Grammar of the English Language*. London: Longman., 1985

第4章
小山義徳(2012)「英語学習における視覚情報の継時処理訓練が聴覚情報の処理に及ぼす影響」博士論文、東京大学大学院教育学研究科.

第6章
Leech, G., and Svartvik, J. (2002) *A Communicative Grammar of English*, Pearson Education. London: Longman, 2002

Quirk, R. et al., op. cit.

ちくま新書
1248

めざせ達人! 英語道場
——教養ある言葉を身につける

二〇一七年四月一〇日 第一刷発行

著　者　斎藤兆史（さいとう・よしふみ）

発行者　山野浩一

発行所　株式会社筑摩書房
　　　　東京都台東区蔵前二-五-三　郵便番号一一一-八七五五
　　　　振替〇〇一六〇-八-四一二三

装幀者　間村俊一

印刷・製本　株式会社精興社

本書をコピー、スキャニング等の方法により無許諾で複製することは、法令に規定された場合を除いて禁止されています。請負業者等の第三者によるデジタル化は一切認められていませんので、ご注意ください。

乱丁・落丁本の場合は、送料小社負担でお取り替えいたします。
　　　　　　　　　　左記宛にご送付ください。
ご注文・お問い合わせも左記へお願いいたします。
〒三三一-八五〇七　さいたま市北区櫛引町二-二六-四
筑摩書房サービスセンター　電話〇四八-六五一-〇〇五三

© SAITO Yoshifumi 2017　Printed in Japan
ISBN978-4-480-06955-9 C0282

ちくま新書

1230 日本人の9割が間違える英語表現100
キャサリン・A・クラフト　里中哲彦編訳

教科書に載っていても実は通じない表現や和製英語など、日本人の英語は勘違いばかり！　長年日本人の英語に接してきた著者が、その正しい言い方を教えます。

1200 「超」入門！論理トレーニング
横山雅彦

「伝えたいことを相手にうまく伝えられない」のはなぜか？　日本語をロジカルに運用し、論理思考をコミュニケーションとして使いこなすためのコツを伝授！

908 東大入試に学ぶロジカルライティング
吉岡友治

腑に落ちる文章は、どれも論理的だ！　東大入試を題材に、論理的に書くための「型」と「技」を覚えよう。学生だけでなく、社会人にも使えるワンランク上の文章術。

253 教養としての大学受験国語
石原千秋

日本語なのにお手上げの評論読解問題。その論述の方法を、実例に即し徹底解剖。アテモノを脱却し上級の教養をめざす、受験生と社会人のための思考の遠近法指南。

1221 日本文法体系
藤井貞和

日本語を真に理解するには、現在の学校文法を書き換えなければならない。豊富な古文の実例をとりあげつつ、日本語の隠れた構造へと迫る、全く新しい理論の登場。

889 大学生からの文章表現 ──無難で退屈な日本語から卒業する
黒田龍之助

読ませる文章を書きたい。だけど、学校では子供じみた作文と決まりきった小論文の書き方しか教えてくれなかった。そんな不満に応えるための新感覚の文章読本！

993 学問の技法
橋本努

学問の王道から邪道まで、著者自身の苦悩から生み出されたテクニックを満載！　大学生はもちろん社会人も、読めば学問がしたくてしょうがなくなる、誘惑の一冊。